**Forschungsschwerpunkt Moderner Orient**
Förderungsgesellschaft Wissenschaftliche Neuvorhaben mbH

■ Jürgen Herzog

Kolonialismus und Ökologie im Kontext der Geschichte Tansanias - Plädoyer für eine historische Umweltforschung

Herausgegeben
und mit einem Nachwort versehen
von Achim von Oppen

Arbeitshefte 3

Verlag Das Arabische Buch

Die Deutsche Bibliothek - CIP-Einheitsaufnahme

Herzog, Jürgen:
Kolonialismus und Ökologie im Kontext der Geschichte Tansanias.
Plädoyer für eine historische Umweltforschung. Hrsg. Achim von Oppen
Jürgen Herzog. - Berlin: Das Arabische Buch, 1994
  (Arbeitshefte Forschungsschwerpunkt Moderner Orient; Nr.3)
  ISBN 3-86093-041-9
NE: GT

Forschungsschwerpunkt Moderner Orient
Förderungsgesellschaft Wissenschaftliche Neuvorhaben mbH

Kommissarischer Leiter:
Prof. Dr. Peter Heine

Prenzlauer Promenade 149-152
13189 Berlin
Tel. 030 / 4797319

ISBN 3-86093-041-9
ARBEITSHEFTE

Bestellungen:
Das Arabische Buch
Horstweg 2
14059 Berlin
Tel. 030 / 3228523

Druck: Druckerei Weinert, Berlin
Printed in Germany 1994

INHALT

Einleitung	5
Ökologie - sozialwissenschaftlich	6
Umweltgeschichte - Fragestellung und Aufgaben	11
Elemente einer Umweltgeschichte Ostafrikas	18
Die Eisengewinnung - eine ökologische Sackgasse	23
Die Landwirtschaft - eine ökologische Herausforderung	26
Kolonialismus und Umwelt - die Anfänge	32
Die Trypanosomiasis und das ökologische Gleichgewicht	34
Die ökologische Sprengkraft des kolonialstaatlichen Umbruchs	36
Anstelle eines Schlußabschnitts: Nachwort des Herausgebers	42

EINLEITUNG

Das Problem selbst bedarf eigentlich keiner Erläuterung. Die Zerstörung der Umwelt hat längst globale Ausmaße angenommen, und die Verhinderung einer Katastrophe "ist eine der größten Herausforderungen, vor der die Menschheit je stand", heißt es im Bericht des Club of Rome von 1991 lapidar.[1] Aber auch hier ist der Globus ungleich geteilt, denn die unterentwickelten Länder des Südens nehmen eine besondere Stellung ein. Während in den Industrieländern die Umweltprobleme im allgemeinen aus der Industrialisierung und technologischen Entwicklung hervorgegangen sind, haben sie in den Entwicklungsländern zumeist in der wirtschaftlichen Unterentwicklung ihre Ursache. Das wurde schon auf der ersten Weltkonferenz der Vereinten Nationen zur Umweltproblematik von 1972 (Stockholm) deutlich. Unmißverständlich sagte das Indiens Premierministerin Indira Gandhi in ihrer Ansprache auf der Plenarsitzung: "Wir wollen die Umwelt nicht weiter auslaugen, und doch können wir keinen Augenblick die bittere Armut einer Vielzahl von Menschen vergessen. Sind nicht Armut und Not die größten Verschmutzer?"[2]

Diese Situation hat sich auch nach zwanzig Jahren nicht wesentlich verändert. Auf dem Umweltgipfel der UNO, der 1992 in Rio de Janeiro stattfand, haben Vertreter der sogenannten Dritten Welt erneut darauf verwiesen, daß sie im Grunde "einen doppelten Kampf" führten. Es gehe um den Schutz der Umwelt und zugleich um das Überleben, und dieser Kampf habe Priorität, erklärte Tansanias Präsident Mwinyi, der vor dem Plenum für Afrika sprach. "Die Armen sind gezwungen, die Nährstoffe des Bodens auszubeuten, an steilen Hängen Felder anzulegen und die Gras länder zu überweiden. Für die Armen steht nicht die Qualität des Lebens auf dem Spiel, sondern das Leben selbst."[3] So ist es also nicht nur die Dimension, sondern zugleich die Andersartigkeit des Problems, die den Historiker herausfordert, der sich mit der Geschichte der Entwicklungsländer befaßt. Kann er - mit den ihm eigenen Mitteln und Methoden - einen Beitrag zum Wesen und Verständnis dieses Problems leisten? Möglicherweise in der Art einer Umweltgeschichte? Aber was wäre hierunter zu verstehen?

ÖKOLOGIE - SOZIALWISSENSCHAFTLICH

Sozialwissenschaftliche Umweltforschung ist eine noch junge Disziplin. Das mag angesichts des enormen öffentlichen Interesses zunächst verwundern, aber Klimaveränderung, Bodenbelastung durch zunehmende Chemisierung, Luft- und Wasserverschmutzung fallen in naturwissenschaftliche Ressorts (Biologie, Chemie, Agrartechnik), die sich schon seit Jahrzehnten mit ökologischen Fragen befassen. So blieben Umweltprobleme bis in die 70er Jahre Sache von Spezialisten. Und im Hinblick auf die Entwicklungsländer wurden sie weitgehend ignoriert. Umwelt kam in den dominierenden Entwicklungstheorien der Politologie und Soziologie nicht vor. In seltener Einmütigkeit sparten die großen Entwürfe sozialen Wandels von W. Rostow und A. G. Frank - in Methode und Anliegen gleichermaßen diametral entgegengesetzt - das Thema völlig aus. Die Modernisierungstheorien sind von der realen Entwicklung überholt worden, und die Dependenztheorien stecken in einer tiefen Krise.

Das so entstandene Vakuum scheinen nunmehr die "Ökologisten" zu füllen. Der Umweltbankrott wird zum Ausgangspunkt gesellschaftspolitischen Handelns und seine Überwindung zum Maßstab von Entwicklung überhaupt. Die Hungersnöte in Afrika seien nicht notwendigerweise das Resultat von Dürren, sondern durch praktische Politik verursacht, schreibt Lloyd Timberlake.[4] Konsequenterweise ist nunmehr auch der Ruf nach einer ökologischen Revolution zu hören. Sie werde von der Notwendigkeit bestimmt, die ökologischen Systeme der Erde wiederherzustellen und zu erhalten. Lester Brown (Direktor des Worldwatch Institute in Washington): "Wenn diese ökologische Revolution Erfolg hat, wird sie als eine der großen ökonomischen und sozialen Umwandlungen der menschlichen Geschichte neben der landwirtschaftlichen und der industriellen Revolution stehen."[5] Die dramatischen Ereignisse der letzten Jahre nähren eine solche Auffassung von der Notwendigkeit einer ökologischen Revolution. Jedoch hat der Umweltgipfel in Rio de Janeiro die Kluft zwischen Forderungen oder Wünschbarem einerseits sowie ökonomisch Machbarem und politisch Durchsetzbarem andererseits anschaulich demonstriert.

Diese Vorstellung von der Notwendigkeit einer ökologischen Revolution widerspiegelt in gewisser Weise den Zeitgeist. Denn Ökologie steht seit den 70er/80er Jahren nahezu schon für eine Weltanschauung, was nicht zuletzt darin zum Ausdruck kommt, daß Umweltprobleme zur Basis politischer Bewegungen mit nicht unerheblichem politischem Gewicht werden konnten.[6] Im Zuge dieser Entwicklung ist die ökologische Lehr- und Forschungstätigkeit beträchtlich angewachsen, was sich schließlich auch in den zunehmenden Veröffentlichungen niederschlägt. "Aber ist diese Ökologie die gleiche wie die, welche die Ökologen meinen?" fragt der Biologe Ludwig Trepl (Institut für Ökologie der Technischen Universität Berlin).[7]

Zweifellos erschwert diese Verquickung von ökologisch stimulierter Öffentlichkeit - und einer entsprechenden Publizistik - und Ökologie als Wissenschaft im Sinne einer institutionell etablierten Fachdisziplin zu erkennen, worin denn nun das eigentliche Aufgabengebiet der Umweltforschung besteht. Es ist vielleicht tatsächlich so, daß die Ökologie von der Situation, in die sie geraten ist, "ganz offensichtlich überfordert" ist und daß man ihre Lage mit der der Soziologie der 60er Jahre vergleichen könnte. "Auch sie erlebte eine institutionelle Ausweitung, und manche ihrer Elemente oder ihr 'Geist' drangen in zahlreiche andere Wissenschaften ein."[8]

Das ist im Grunde auch die Schwierigkeit, der sich der Historiker gegenübergestellt sieht. Er muß sich einerseits mit dem befassen, was eigentlich unter Ökologie zu verstehen ist, andererseits jenes Feld herausarbeiten, das er zum Gegenstand seiner empirischen Untersuchung machen will. Ganz allgemein wird die Ökologie als die Wissenschaft von den Beziehungen der Lebewesen (Organismen) zu ihrer Umwelt definiert. Sie versteht sich in ihrer wissenschaftsgeschichtlichen Tradition als jener Zweig der Biologie, der die Funktion von Organismen und deren Gesellschaften untersucht. Hierin eingeschlossen ist - gewissermaßen stillschweigend - der Mensch. Jedoch ist gerade seine Rolle im Ökosystem - das ist ein realer Ausschnitt aus der Biosphäre mit ihren lebenden und nicht lebenden Bestandteilen - für den Sozialwissenschaftler von Interesse, denn sie ist es, die vor allem der Klärung bedarf. Dabei lautet die Frage: "Ist der Mensch in ökologischer Hinsicht den übrigen Organismen gleichzustellen, ist er als Umweltfaktor zu betrachten, oder nimmt er als bewußter und zielstrebiger Gestalter von Ökosystemen eine Sonderstellung ein?"[9]

Es ist unumstritten, daß der Mensch im Laufe seiner Entwicklungsgeschichte nunmehr einen besonderen Platz unter den Organismen einnimmt, indem er sich durch Werkzeuggebrauch, Sprache, Denkvermögen etc. die Fähigkeit erworben hat, selbst zur Schaffung völlig neuer Biozönosen (Gesamtheit der Organismen, d. h. des lebenden Teils bestimmter Ausschnitte des Ökosystems) und auch neuer Biotope (d. h. Standorte solcher Lebensgemeinschaften mit jeweils spezifischen Bedingungen) beizutragen. Welche Konsequenzen hat nun diese Sonderstellung des Menschen für die Forschung? Kann er doch auf Grund dieser Position weder als ein (außenstehender) Umweltfaktor angesehen werden, noch ist er ein Glied des Ökosystems schlechthin. Angesichts dieser Situation wurde bereits in den 40er Jahren vorgeschlagen, die "besonderen Beziehungen, die zwischen dem Menschen und seiner Umwelt bestehen," als eigenständiges Forschungsgebiet, die Humanökologie, zu behandeln und dieses von der "üblichen biologischen Ökologie" abzutrennen.[10]

Dieser Begriff blieb jedoch lange Zeit inhaltlich vage und wurde von verschiedenen Disziplinen mit unterschiedlicher Bedeutung verwendet. Marston Bates hat 1953 Bilanz gezogen und festgestellt, daß nicht nur in der Medizin, Geographie und Soziologie, sondern auch in der Linguistik von Humanökologie gesprochen wurde. Bates selbst ist der Meinung, daß diese Bezeichnung nur in ihrem ursprünglichen Wortsinn benutzt werden sollte. Zugleich warnt er vor übertriebener Spezialisierung, da diese die Untersuchung umfassender Zusammenhänge behindere. Sie sei notwendig, "aber sie darf nicht dazu führen, daß unsere Spezialisierungsvorstellungen in einer Vielzahl formaler Disziplinen einfrieren".[11] Und noch zwanzig Jahre später belastete dieses theoretisch-methodologische Problem die Forschung. Kritisch bezeichnete Hans Magnus Enzensberger 1973 die Humanökologie als eine "hybride Disziplin, in der natur- und sozialwissenschaftliche Kategorien und Methoden nebeneinander angewandt werden müssen, ohne daß die Weiterungen, die sich hieraus ergeben, theoretisch in irgendeiner Weise geklärt wären".[12]

Inzwischen ist die Forschung auf diesem Gebiet weiter vorangekommen. Das betrifft sowohl die theoretische Fundierung als auch das eigentliche Aufgabengebiet der Humanökologie. Die International Organization for Human Ecology (Wien) sieht deren Gegenstand in der "Beschäftigung mit dem menschlichen Leben in all seinen physikalischen, chemischen, biotischen, geistigen, sozialen und kulturellen Manifestationen von einem ökologischen Gesichtspunkt aus; das bedeutet, die Wechselbeziehungen zwischen einem Menschen oder einer Anzahl von Menschen und der ihn oder sie umgebenden Außenwelt zu betrachten"[13]. Diese Definition trifft wohl in ihrer allgemeinen Aussage - jedenfalls, soweit es sich überblicken läßt - im wesentlichen auf Zustimmung. In ihrer Auslegung jedoch bemüht man sich um weitere Präzisierung. So unterscheidet beispielsweise Bernhard Glaeser vom Internationalen Institut für Umwelt und Gesellschaft in Berlin zwischen den Beziehungen von Mensch und Natur allgemein sowie den Beziehungen zwischen Gesellschaft und Umwelt. "Betont man den letzteren Aspekt, insbesondere den Ausgangspunkt der Umweltzerstörung, ist sie vorwiegend politische Ökologie und als solche in ihrer Vorgehensweise sozialwissenschaftlich orientiert, wobei jedoch naturwissenschaftliche Elemente ebenfalls eine wichtige Rolle spielen. ... Knüpft man jedoch den Bezug zur Ökologie als biologischer Disziplin enger, stehen die naturwissenschaftlichen Aspekte im Vordergrund."[14]

Die Sichtweise macht den Unterschied. Denn es ist doch so, daß ein naturwissenschaftlicher Ansatz ökologischer Forschung eine andere Fragestellung hat als ein sozialwissenschaftlicher. Beispielsweise haben Biologen und Agrartechniker bezüglich des Bodens vor allem sein produktives Potential, seine Fruchtbarkeit und Regenerierungsfähigkeit im Blickfeld und untersuchen jene Faktoren, die dieses natürliche Vermögen des Bodens beeinflussen - wozu letztlich auch die Aktivitäten des Menschen gehören. Hingegen würde sich das Interesse von Ökonomen und Soziologen auf die Menschen selbst konzentrieren mit der Frage, welche natürlichen Ressourcen sie zur Verfügung haben, um sich ihren Lebensunterhalt erwirtschaften zu können. "Hier wird 'Boden' anderen unentbehrlichen Ressourcen wie Arbeit, Zeit, Know-how gleichgesetzt."[15]

Aber auch vor dem Ausbruch der "großen ökologischen Krise" gab es Wissenschaftsdisziplinen, die sich mit dem Verhältnis Mensch-Umwelt befaßt haben. Hierzu gehört die Geographie, und zwar jener Zweig, der - im Unterschied zur physischen Geographie - die Lebensräume (Kulturlandschaften) der Menschen untersucht. Diese Anthropo- oder Kulturgeographie geht der Frage nach, wie der Mensch durch seine Siedlungsweise und Wirtschaftstätigkeit die ursprüngliche Naturlandschaft beeinflußt und verändert. Inwieweit hat er so "einen (neuen) landschaftsökologischen Zustand geschaffen oder hat er die Landschaftsnatur deformiert oder gar geschädigt ..., so daß der ursprüngliche Landschaftshaushalt in einen degradierten, ausgebeuteten Zustand überführt wurde?" Diese Situation bezeichnet Hans-Jürgen Nitz als Raublandschaft, während eine neue "harmonische Kulturlandschaft" mit einem langfristigen landschaftsökologischen Gleichgewicht dort geschaffen worden sei, wo Bauerngesellschaften mit den Erfahrungen vieler Jahrhunderte wirtschafteten (die Reislandschaften Asiens).[16]

Eine andere Fragestellung bewegte die Ethnologie. Ihre Vertreter sahen sich bei Feldforschungen unter den sogenannten Naturvölkern mit mannigfaltigen kulturellen Unterschieden konfrontiert, die sie u. a. aus den Unterschieden ihrer natürlichen Umgebung zu erklären versuchten. Julian Steward (1902-1972) war dann wohl einer der ersten aus der weitverzweigten Schule der amerikanischen Kulturanthropologie, der eine Verbindung zur Ökologie suchte und 1937 den Begriff Kulturökologie prägte.[17] Diese Richtung wurde vor allem von John W. Bennett (Washington University, St. Louis) weiterentwickelt, ist jedoch von der Umweltforschung bislang kaum rezipiert worden. Das habe daran gelegen, resümierte Bennett noch in den siebziger Jahren, daß die von Kulturanthropologen betriebene

Forschung "wenig Relevanz für den Menschen und die Umweltprobleme in den nationalen Industriegesellschaften geführt hatte". Interessierten sie sich doch hauptsächlich für Gesellschaften der Vergangenheit oder abgelegener Regionen und behandelten sie als isolierte Einheiten, ob sie das nun tatsächlich waren oder nicht. "Die Mehrzahl der kulturökologischen Studien über lebende Gesellschaften befaßten sich mehr mit der Kultur als mit Ökologie. Subsistenzsysteme werden beschrieben, aber das Schwergewicht liegt auf deren Bedeutung für die Erklärung gesellschaftlich-kultureller Formen. Nur wenige Gemeinschaften werden über mehrere Zeitperioden untersucht, wodurch die Kulturanthropologen befähigt würden, Wachstum und Wandel in der Ressourcennutzung zu erkennen. Es besteht die Tendenz, ökologische Verhältnisse als relativ stabil und fortdauernd zu sehen."[18]

Es scheint, daß die Ethnologie, in ihrer Wissenschaftstradition mit der Untersuchung der Völker der Dritten Welt verbunden, auf dem Gebiet der Mensch-Umwelt-Beziehungen besonders durch ihre Feldforschungen durchaus interessante und beachtenswerte Ergebnisse aufweisen kann, jedoch durch theoretische Enge lange Zeit nicht den Anschluß an die neuere ökologische Forschung fand.

UMWELTGESCHICHTE - FRAGESTELLUNG UND AUFGABEN

Ist sozialwissenschaftliche Umweltforschung insgesamt noch eine junge Disziplin, so befindet sich ihr "historischer Zweig" noch in der Geburtsphase, wenngleich die Historiker im zurückliegenden Jahrzehnt bereits laufen gelernt haben. Dies betrifft vor allem die Spezialisten der deutschen und europäischen Geschichte, auf deren Arbeiten sich die folgenden Überlegungen zu einer Umweltgeschichte zunächst stützen werden. Die Aufgabe ist nicht gering. denn es ist doch tatsächlich so, daß die Umweltfrage den Menschen als Überlebensfrage zwar allgemein bewußt geworden ist, das historische Denken jedoch dieser brennenden Aktualität des Umweltproblems bislang kaum entspricht - wie die Veranstalter der Tagung, die 1985 von der Evangelischen Akademie Loccum zum Thema "Mensch und Umwelt in der Geschichte" durchgeführt wurde, das Ergebnis zusammenfassend feststellen.[19]

Diese Forderung ist dem Historiker nicht neu, und erst auf dem im September 1992 in Hannover veranstalteten Historikertag hat Wolfgang Mommsen erneut "die aufklärende Funktion des geschichtlichen Denkens" beschworen. Wie jedoch kann die historische Forschung mit den ihr eigenen Mitteln und Methoden diese Forderung erfüllen angesichts der immer breiter werdenden Diskussion der ökologischen Krise mit ihrem starken Gegenwartsbezug? Ist "Geschichte" da überhaupt noch gefragt? Die Antwort hängt natürlich davon ab, worin der mit dieser Frage befaßte Historiker seine eigentliche Aufgabe sieht. Sollte er sie als "Einarbeitung der Umwelt- bzw. Mensch-Natur-Problematik in die allgemeine Geschichtstheorie und Geschichtsanalyse" auffassen[20], um die hier entstandenen Defizite aufzuarbeiten, oder sollte er versuchen, eine Art Umweltgeschichte zu entwerfen? Für letzteres spricht nicht nur das politische Gewicht der Problematik, sondern auch deren Eigenständigkeit.

Zwei Aufgaben stünden hier im Vordergrund: Zum einen muß der Historiker den gewaltigen Wandlungsprozeß, der in den letzten Jahrhunderten in der Art und Weise der Naturaneignung durch die menschliche (wirtschaftliche und geistige) Tätigkeit zu verzeichnen ist, erst einmal empirisch dokumentieren. Denn nur auf diese Weise kann Geschichte wirklich "sachkundig machen". Es ist schon so, wie Hans-Ulrich Wehler im Kontext der deutschen Geschichte schreibt: "Die Geschichtswissenschaft kann dem, der sich die Zusammenhänge intensiv aneignet, ein ungemein breites, tiefgestaffeltes Orientierungswissen verschaffen. Es bietet nicht die Lösung gegenwärtiger Probleme wie auf einem Präsentierteller an, besitzt dafür aber andere Vorzüge. Zuerst einmal macht es sachkundig, so daß man den 'schrecklichen Vereinfachern', den utopischen Schwärmern, den unbelehrbaren Dogmatikern nicht so leicht erliegt."[21] Dieser Anspruch läßt sich aber nur erfüllen, wenn die Komplexität einer gegebenen historischen Situation konkret aufgearbeitet und präzise dargestellt wird. Denn zweifellos sind in Untersuchungen zur Mensch-Umwelt-Thematik auch historische Argumente anzutreffen. Jedoch handle es sich hier häufig um wenig geprüfte Annahmen, Behauptungen und Vorstellungen, kritisieren einige Historiker. "Die Argumentationen schöpfen in der Regel nicht aus einem Fundus systematisch wissenschaftlich erarbeiteter Kenntnisse und Einsichten. Sie spiegeln statt dessen wissenschaftlich nicht verarbeitete individuelle und kollektive Erfahrungen wider, und sehr oft transportieren oder produzieren sie Legenden und Mythen."[22]

Zum anderen muß eine Umweltgeschichte die Spezifik dieser Forschungsrichtung verdeutlichen. Ihr Gegenstand leitet sich aus der humanökologischen Fragestellung ab und rückt die sozialen und kulturellen Systeme menschlicher Gemeinden und deren Beziehungen zur Umwelt in den Mittelpunkt der Untersuchung.[23] Dabei gilt es, eben dieses Verhältnis in den jeweiligen Epochen bzw. Perioden zu beschreiben und zu charakterisieren. Beides, zeitliche wie räumliche Dimension, ermöglichen dann auch den Zugang zum Verständnis des Ökologieproblems der Gegenwart. Denn Umweltkrisen gab es schon immer, aber global sind sie erst heute. Und während die rücksichtslose Ausplünderung der Natur infolge der Industrialisierung in Europa und Nordamerika die Umweltzerstörung zu einem Weltproblem machte, hat in Afrika diese Art der Industrialisierung noch nicht einmal begonnen. In diesem Verhältnis Mensch-Natur ist also nichts statisch und nichts formal vergleichbar.

Hier liegen auch die Grenzen des Historikers. So ist er, wie es zunächst scheint, für ein Thema wie die Genesis von Umweltproblemen nahezu prädestiniert. Jedoch gilt es, Vereinfachungen zu vermeiden. Denn es ist keineswegs so, wie Hegel uns ermahnte, "daß wir schon durch die Geschichte einer Sache die Sache verstehen, daß dies schon das Verstehen sei, wenn wir wissen, wie sie vorher gewesen, und daß wir um so gründlicher verstehen, je weiter hinaus wir wissen, wie sie vorher ... beschaffen gewesen sei."[24] Mit anderen Worten, es ist ein Irrtum, anzunehmen, die Ursachen der gegenwärtigen ökologischen Krise wären geradlinig aus Vergangenem erwachsen. Dazu sind die Wandlungen, die sich während der letzten Jahrhunderte vor allem im Gefolge der industriellen Revolution vollzogen haben, zu gewaltig. Der Druck auf die Ressourcen der Natur infolge der sich verändernden Wirtschaftsweise und der durch sie bewirkten Umwandlungen des menschlichen Lebens hat eine andere, neue Qualität erreicht. Und es ist nicht zuletzt gerade diese Tatsache, die den Zweifel fördert, ob sich im Falle der Umweltproblematik überhaupt "aus der Geschichte lernen" ließe.

Sehr viel mehr als eine "Ortsbestimmung der Gegenwart" könne es jedenfalls nicht sein, schreibt der Historiker Rolf Peter Sieferle. Dabei richtet sich seine Argumentation jedoch gegen platte Simplifizierung des Geschichtlichen. "Ereignisse und Konstellationen der Vergangenheit wiederholen sich nicht; die Geschichte bildet kein Laboratorium menschlicher Erfahrungen, aus dem man direkte Handlungsanweisungen für die Gegenwart und Zukunft gewinnen kann. Der Blick auf die Vergangenheit kann aber das Auge für umfassendere Problemlagen der Gegenwart schärfen, da abgeschlossene Vorgänge leichter überschaubar ... sind als die Fragen, die im Handgemenge der Gegenwart angegangen werden."[25]

Nicht anders verhält es sich bei der Frage nach den sogenannten historischen Alternativen. Zweifellos gab es auch in vorindustrieller Zeit Krisensituationen im Verhältnis Mensch-Umwelt - für Afrika betrifft das die vorkoloniale Periode. Die damals gefundenen Lösungen können in keinem Fall wirklich als Alternative für die heute vor der Menschheit stehende Umweltkatastrophe dienen. (Es wird hierauf noch näher einzugehen sein.) Die Tatsache selbst jedoch verdient Beachtung, ebenso der "Faktor Zeit", der bei allen gegenwärtigen Lösungsexperimenten eine nicht überschaubare Unbekannte bleiben muß. Denn was in einem Jahrhundert aus den Schutzmaßnahmen, die wir heute in guter Absicht treffen, werden wird, kann nur die Geschichte sagen. In diesem Sinne ließe sich der Anthropologe Bernd Herrmann interpretieren, wenn er die Ergebnisse umweltgeschichtlicher Forschungen gleichsam als Resultat von Langzeitversuchen auffaßt: "Hier wird, und dies ist selten genug, Lernen aus der Geschichte möglich. Dies ist auch erforderlich, um 'Naturbewahrung' als künftige zentrale Kulturaufgabe bewältigen zu können."[26]

Eine andere Gefahr droht dem Historiker als Sozialwissenschaftler, wenn er sein eigentliches Aufgabenfeld verläßt. Hier ist er entweder inkompetent oder er verirrt sich auf einem Weg, der in der Forschung kaum Ertrag bringt. Letzteres betrifft beispielsweise eine Geschichte der Umwelt "an sich". Der Historiker Joachim Radkau, der sich besonders mit der Waldgeschichte Mitteleuropas befaßt hat, lehnt eine ökologische Geschichtsbetrachtung mit dem Tenor 'alles schon einmal dagewesen' entschieden ab. "Um die Umwelt an sich braucht sich der Mensch nicht zu sorgen: Ökosysteme irgendwelcher Art würden selbst nach einem Atomkrieg existieren; es fragt sich nur, ob da für den Menschen eine komfortable Nische bleiben würde: 'Umweltprobleme' sind Probleme der Menschen."[27]

Dieser Zusammenhang macht zugleich klar, daß sich aus dem Studium der "reinen" Ökologie nur in geringem Maße Erkenntnisse zum Verhältnis Mensch-Natur gewinnen lassen. Hat doch diese Disziplin in ihrer mehr als ein Jahrhundert währenden Entwicklungsgeschichte kaum die Gesellschaft reflektiert, was nicht verwundern sollte, da sie von Naturwissenschaftlern, d. h. überwiegend von Biologen, repräsentiert wurde. Und auch heute wird sie in ihrem Kern als eine biologische Disziplin verstanden, wie Trepls "Geschichte der Ökologie" veranschaulicht. Er wolle vermeiden, daß die Ökologie als Wissenschaft mit der "Ökologie als Evangelium" verschmolzen werde, begründet er. Denn die Wissenschaft selbst dürfe nicht zur Heilslehre werden. "Diese Absicht steckt dahinter, wenn Ökologie von einer biologischen Disziplin hochdefiniert wird zur Umwelt-Beziehungs-, Wechselwirkungs- oder Vernetzungslehre überhaupt."[28] So verständlich wie dieses Anliegen einerseits auch ist, so scharf fällt andererseits das Fazit vom sozialwissenschaftlichen Standpunkt aus. "Heute ist die Ökologie alleine nicht tauglich, uns genaue Leitvorstellungen für unseren Umgang mit der Natur zu geben", leitet Engelberg Schramm seinen Vortrag über das Verhältnis von Ökologie und Gesellschaft in der Geschichte ein. Aber, wie auch immer sich der Historiker einer Umweltgeschichte nähert, der philosophischen Grundfrage historischer Umweltforschung muß er sich irgendwann doch stellen. Denn wie ist die heutige ökologische Krise mit unseren bisherigen Vorstellungen vom Fortschritt als der zentralen Achse der Entwicklung moderner Gesellschaften zu vereinbaren? Ist doch 'Fortschritt' inzwischen zum "historischen Fundamentalbegriff des Geschichtsbewußtseins" (Jörn Rüsen) geworden.

Der Keim dieser auf Hegel zurückgehenden Geschichtsphilosophie scheint noch fest verwurzelt. Danach wäre die Weltgeschichte ein Prozeß, der auf einen Endzweck hinstrebt und sich nach einheitlichen Gesetzen vollzieht; wobei das in diesem Prozeß Gewordene 'vernünftig' ist, ein historisch notwendiges Durchgangsstadium im Hinblick auf eben dieses Endziel.[29] Diesen Fortschrittsoptimismus teilten schon zu jener Zeit nicht alle Historiker. So stand z.B. Jacob Burckhardt (1818-1897) der Technisierung und Industrialisierung kritisch gegenüber. "Nach Hegel", so schreibt Burckhardt über dessen Geschichtsphilosophie, "soll eine Entwicklung zur Freiheit stattfinden, indem im Orient einer, dann bei den klassischen Völkern wenige, frei gewesen und die neuere Zeit alle frei mache. Auch die behutsam eingeleitete Lehre von der Perfektibilität, d. h. dem bekannten sogenannten Fortschritt, findet sich bei ihm. Wir sind aber nicht eingeweiht in die Zwecke der ewigen Weisheit und kennen sie nicht. Dieses kecke Antizipieren eines Weltplanes führt zu Irrtümern, weil es von irrigen Prämissen ausgeht."[30] Heute wissen wir, daß uns diese Fortschrittsgläubigkeit an den Rand der globalen ökologischen Katastrophe geführt hat. Das seit der Aufklärung verfestigte Wertesystem, in dessen Zentrum die ökonomische Dynamik der Produktivitätssteigerung steht, verbiete durch die potentielle Möglichkeit der Zerstörung ökologischer Bedingungen humaner Existenz "eine ungebrochene Fortschreibung bisheriger Entwicklungen in die Zukunft".[31]

In dieser Erkenntnis besteht unter den Historikern, die sich mit dieser Problematik befassen, - von gewissen Nuancen einmal abgesehen - durchaus Einigkeit.[32] Aber welche Konsequenzen ergeben sich aus der Ablehnung eines solchen Fortschrittsmodells für die Beurteilung des Verhältnisses von Mensch und Umwelt in der Geschichte? Hier lassen sich Unterschiede erkennen, die im wesentlichen auf zwei Grundauffassungen zurückgehen:

Erstens. Der Harmonieansatz, dessen Basis die Vorstellung ist, daß sich der Mensch "normalerweise" mit seiner natürlichen Umwelt in einer Art ökologischem Gleichgewicht befindet. Prononciert und engagiert hat diese Meinung der Amerikaner George Perkins Marsh (1801-1882) vertreten. Sein Buch "Man and Nature" (1864) hatte zu jener Zeit international Aufmerksamkeit geweckt und auch Anerkennung gefunden (seine Arbeiten wurden u. a. im Zusammenhang mit der besorgniserregenden Entwaldung Indiens im englischen Unterhaus zitiert). Marsh weilte in diplomatischer Mission in Griechenland und in der Türkei und wurde von Präsident Lincoln zum ersten amerikanischen Gesandten im Königreich Italien ernannt, eine Funktion, die Marsh zwanzig Jahre ausübte. Er machte bereits damals auf die Notwendigkeit aufmerksam, den Boden sorgsam zu pflegen, warnte vor der Gefahr sich verschärfender Klimagegensätze infolge zunehmender Entwaldung (!) und ermahnte zur Vorsicht bei all jenen Tätigkeiten des Menschen, die langfristig den Zusammenhang von organischer und anorganischer Welt beeinflussen. Alle seine Vorschläge waren von der Idee einer Störung der "Harmonie der Natur" getragen, die es wiederherzustellen gälte.[33] Aber er war seiner Zeit voraus. Trotz seiner Anerkennung sei sein Werk "in der Flut der Meinungen" unterdrückt worden, die überall "in der wohltätigen Herrschaft des Menschen über die Natur einen Fortschritt sahen", schreibt C.J. Glacken rückblickend bissig. "Während Marsh die Zerstörung der Erde als bewohnbaren Planeten beschrieb, sprach z. B. Herbert Spencer von dem unaufhaltsamen Marsch der Zivilisation und davon, daß die Bevölkerung mit deren Fortschritt ein Gleichgewicht erreiche, bis am Ende der Evolution die gesamte Erde kultiviert sei wie ein Garten."[34]

Zweitens. Der sogenannte Katastrophenansatz, wonach der Mensch bereits in vorindustrieller Zeit die ökologische Krise durch schonungslose Ausbeutung der natürlichen Ressourcen eingeleitet hatte, - jedenfalls dort, wo er technisch dazu in der Lage war. Eine solche Auffassung geht davon aus, daß der Mensch die Natur nur benutzt, nicht aber zugleich auch zu ihr gehört. Die Ökosystemlehre kann eine solche Sicht eines prinzipiellen Konflikts zwischen Mensch und Natur begründen. Sie habe lange Zeit den Menschen außerhalb des Ökosystems, nie als dessen Glied gesehen, resumiert Konrad Buchwald. "Noch vor wenigen Jahren erschien der Mensch im Modell eines vollständigen Ökosystems überhaupt nicht, es sei denn, man stufte ihn als Omnicarnivore (Allesfresser) ein."[35] Die "historische Rechtfertigung" des Bestehenden unterschätzt das qualitativ Neue der derzeitigen Umweltkrise, sollte allerdings unseren Blick für derartige Ereignisse in der Geschichte schärfen. Denn tatsächlich gab es Umweltprobleme mit zum Teil erschreckenden Ausmaßen bereits vor der industriellen Revolution.[36] Man kann hypothetisch annehmen, daß der Mensch, seit er es verstand, Pflanzen zu züchten und Tiere zu domestizieren, auch in die ursprüngliche Natur eingriff, und daß seit dieser ersten großen Wende in seiner Geschichte - der neolithischen Revolution vor ca. 8000 Jahren[37] - von einer vorgeblich unberührten Natur als Maßstab für unser Umweltverständnis nicht mehr gesprochen werden kann.

ELEMENTE EINER UMWELTGESCHICHTE OSTAFRIKAS

Die Umweltproblematik stellt sich in den unterentwickelten Ländern völlig anders dar als in den Industrieländern, darauf wurde anfangs bereits hingewiesen. Trotz mancher Ähnlichkeiten in der Erscheinungsweise hat sie in Tropisch-Afrika zumeist andere Ursachen, ganz gewiß aber andere Auswirkungen. Beides ist in der Geschichte dieser Ländern und im Entwicklungsgang ihrer Völker begründet.

Wichtige Elemente, die für eine Umweltgeschichte prägend sind, können abgeleitet werden
- aus der *allgemeinen ökologischen Situation*, deren Bedeutung insbesondere für die Beurteilung des Verhältnisses von Ökonomie und Ökologie unter den Bedingungen einer Region Tropisch Afrikas in Betracht gezogen werden muß;
- aus dem *Verhältnis Mensch-Natur im vorkolonialen Milieu*, das hier auf die ökonomische Seite eingegrenzt werden soll, was in einer Agrargesellschaft vor allem Landwirtschaft und Viehzucht bedeutet, mit dem Boden als entscheidendem Faktor;

- aus der *Spezifik der Geschichte* selbst, die im letzten Jahrhundert wesentlich durch den Einfluß des Kolonialismus bestimmt war.

Diese drei Bereiche können im folgenden nur grob umrissen werden, da es zunächst um konzeptionelle Gedanken für eine ja noch zu schreibende Umweltgeschichte Ostafrikas geht, die sich wesentlich auf die Auswertung von Archivmaterial stützen wird. Die Schwierigkeiten einer solchen Umweltgeschichte betreffen nicht nur die Geschichte selbst, was verständlich ist, sondern auch das Instrumentarium sozialwissenschaftlicher Umweltforschung überhaupt. Markant spiegelt sich diese Problematik beispielsweise in dem unter der Schirmherrschaft der UNESCO stehenden großen Forschungsprogramm der 80er Jahre *Man and Biosphere* wider. Es wird hauptsächlich von Biologen, Agraringenieuren und Geographen durchgeführt. Von den 133 Projekten, die Afrika betreffen, befassen sich allein 101 mit den Auswirkungen menschlicher Aktivitäten auf die Biosphäre, und kein einziges Projekt ist den Lebensbedingungen der Menschen selbst gewidmet. Sie kommen hier, so muß man annehmen, nur als "Täter" vor. Zwar wird ein multidisziplinärer Ansatz angestrebt - wie der damalige UNESCO-Generalsekretär M'Bow 1984 versicherte -, jedoch ändert das nichts daran, daß die Problemstellung selbst naturwissenschaftlich formuliert ist. "Humanistische und Sozialwissenschaften sind von zweitrangiger Bedeutung und werden höchstens im weiteren Sinne genutzt."[38]

Allerdings steht der Historiker, der sich an eine Umweltgeschichte des subsaharischen Afrika wagen will, zugleich vor Hindernissen "elementarer Art". Sie ergeben sich zunächst aus der Andersartigkeit der natürlichen Bedingungen und der sich hieraus ergebenden Andersartigkeit der *allgemeinen ökologischen Situation* überhaupt, verglichen mit den gemäßigten Zonen Europas und Nordamerikas. Kann man deshalb aber auch von einer ökologischen Benachteiligung Schwarzafrikas sprechen?[39] Diese These ließe sich stützen, wenn sie nicht zugleich als ein Grund für die Ursachen von Hunger und Armut auf dem Kontinent dienen würde. Klima und Böden bildeten zwar 'Hemmnisse' für die Landwirtschaft in Afrika, polemisiert Walter Michler, jedoch seien diese nicht unüberwindlich. "Die Ernährungskrise Schwarzafrikas ist dort, wo sie existiert, das Ergebnis einer verfehlten politischen Prioritätensetzung nach der Unabhängigkeit. Nicht die Natur, sondern die Politik ist bis heute der eigentlich begrenzende Faktor für die Nahrungsmittelproduktion gewesen."[40]

Verständlich ist das Anliegen, den "Ökologisten" zu widersprechen, die einer Art Umweltdeterminismus verfallen scheinen. Aber es bleiben die Realitäten. Die ökologische Situation Tropisch-Afrikas ist eben durch ihre Andersartigkeit zugleich auch schwieriger zu bewerten. Im Hinblick auf die Bodenfrage gingen die Meinungen der Agrarwissenschaftler schon immer stark auseinander, was nicht zuletzt die Folge unzureichender Forschungen ist, die vor allem die starken Unterschiede, die zwischen den einzelnen Regionen bestehen, nicht hinreichend berücksichtigen. Einen Durchbruch versuchte Anfang der 60er Jahre der französische Agronom René Dumont. Sein Buch "L'Afrique Noire est mal partie" erregte wegen des spektakulären Konzepts einiges Aufsehen. Denn schon damals sprach er sich gegen die allgemein von den Politikern favorisierten Großprojekte aus, indem er sich für ein "small is beautiful" einsetzte und damit Fritz Schumachers Idee vorwegnahm. Dumonts Kritik zu den Fehlurteilen in der Bodenfrage: Ein Geograph habe einmal die Farbe des Bodens Madagaskars mit der eines Ziegelsteins verglichen und geschlußfolgert, daß dieser nicht nur wie ein Ziegel aussehe, sondern auch dessen Fruchtbarkeit habe. "Mit dieser 'witzigen Bemerkung' hat er für Jahre jeden, der die Berge im Zentrum und den Westen der Insel entwickeln wollte, abgeschreckt. Durch intelligente Kombination von Ackerbau und Viehzucht ... kann man mit diesem 'Stein' zwei- bis dreimal soviel produzieren wie auf den 'reichen' Wiesenflächen der Auge in Frankreich."[41]

Mit dem Hinweis auf die Andersartigkeit ist allerdings noch nichts über die tatsächliche ökologische Situation Tropisch-Afrikas gesagt. Allgemein sei das Klima in den tropischen Regionen weniger günstig für die Landwirtschaft als das Südostasiens, der pazifischen und karibischen Inseln sowie der Küstenzonen Südamerikas, schreibt Dumont. "Keines dieser Gebiete ist von der Tsetsefliege befallen, die große Geißel der Viehzüchter. Kein anderer Kontinent hat einen so großen Anteil an Wüsten, die Kalahari und Sahara inbegriffen. Die an sie angrenzenden ausgedehnten Gebiete, wie die Sahel und die sudanesischen Regionen, werden vom Wüstenwind heimgesucht, so daß sie viel arider sind als die Trockengebiete in Nordost-Brasilien trotz gleichgroßer Niederschlagsmengen. Weniger als die Hälfte Afrikas zwischen 30° südlicher Breite hat angemessene Niederschläge - ca. 80 oder mehr Zentimeter -, um eine intensive Landwirtschaft betreiben zu können."[42]

Unter diesem Wassermangel hat auch Ostafrika zu leiden. Eine Untersuchung von 1934 teilt den Boden Tanganyikas in folgende vier Gruppen:
- 10 Prozent des Territoriums bekommen "ausreichende Niederschläge", hier leben 63 Prozent der Bevölkerung;
- 8 Prozent sind "einigermaßen gut" beregnet, mit 18 Prozent der Bevölkerung;
- 20 Prozent sind "dürftig" mit Wasser versorgt, 18 Prozent Bevölkerungsanteil;
- 62 Prozent sind "praktisch ohne Wasser" und fast unbewohnt.[43]

Dabei liegen die fruchtbaren Böden mit ausreichendem Niederschlag geographisch zersplittert in den Randzonen des Landes, was ihre wirtschaftliche Erschließung und Einbeziehung in eine nationale Ökonomie erschwert hat.[44] Insgesamt gesehen, heißt es im Abschlußbericht der Royal Commission aus dem Jahre 1955, seien die Böden Ostafrikas, verglichen mit großen Teilen der tropischen Welt, "von ihrer Natur her relativ arm, unproduktiv und verletzbar. Von einigen Ausnahmen abgesehen - die vulkanischen und alluvialen Böden -, sind sie oft chemisch defizitär, laugen schnell aus, und es mangelt ihnen an Humus. Physikalisch sind sie sehr brüchig und zeigen eine alarmierende Tendenz zur Erosion... Wenn sie falsch behandelt werden, läßt ihre Fruchtbarkeit schnell nach, und sie zerfallen rapide unter dem Einfluß von Wind und Regen."[45]

Wie haben wir uns das *Verhältnis Mensch - Natur im vorkolonialen Milieu* nun vorzustellen? Was bedeutete Naturaneignung unter den Bedingungen der Subsistenzwirtschaft?

Der Versuch, diese Frage zu beantworten, stößt auf einen bemerkenswerten Widerspruch. Er besteht zwischen der Bedeutung dieser Problematik für die Einschätzung der durch den Kolonialismus bewirkten Veränderungen einerseits und unseren Kenntnissen über die sogenannte Ausgangssituation andererseits. Umfangreiche, durch empirische Forschungen gestützte Arbeiten von Historikern haben in den 80er Jahren hier eine Wende eingeleitet und zu neuen Hypothesen über die sozialen und ökonomischen Verhältnisse der Gesellschaften auf dem Territorium des heutigen Tanzania geführt. Hierzu gehören besonders die Untersuchungen von John Iliffe, Abdul Sheriff, Helge Kjekshus und Juhani Koponen.[46] Besondere Beachtung verdienen im Zusammenhang einer Umweltgeschichte die Arbeiten des norwegischen Politologen Kjekshus, der sich als erster Wissenschaftler dieser Thematik angenommen und die Forschungen auf diesem Gebiet enorm stimuliert hat, sowie die des finnischen Historikers Koponen. Seine Untersuchungen bestechen in der akribischen Aufarbeitung der Quellen und deren kritischer Auswertung. Zum Anliegen schreibt er, daß es ihm nicht so sehr um die Darstellung von Einzelaspekten gehe, sondern darum, "ein Arbeitsmodell des sozialen und ökonomischen Lebens im Territorium von Tanzania vor der Kolonialperiode" zu entwerfen.[47]

So unterschiedlich wie die Ansätze der einzelnen Wissenschaftler, so unterschiedlich ist auch ihre Sicht auf die oben gestellte Frage nach dem Verhältnis Mensch-Natur im vorkolonialen Milieu, und Kontroversen sind bei diesem "unterentwickelten" Forschungsstand fast schon etwas Normales.[48] Eingegrenzt auf den Sektor der Landwirtschaft, lautet die Frage: Ist der traditionelle afrikanische Bauer nun von der Natur abhängig, wird ihm das Handeln von den ökologischen Gegebenheiten (Bodenqualität und -regenerierbarkeit, Niederschläge absolut und ihre saisonale Verteilung etc.) aufgezwungen - angesichts der ihm zur Verfügung stehenden einfachen Produktionsinstrumente ist dies naheliegend (Konfliktmodell) - oder vermag er es, sich im Produktionsprozeß (vom Roden bis zur Ernte) die Natur zu eigen zu machen, diese aktiv zu gestalten, aber ohne sie zugleich zu zerstören (Harmoniemodell)?

Kjekshus ist der Meinung, "daß sich die präkolonialen Ökonomien in einer ökologisch kontrollierten Situation entwickelten, daß sich eine Beziehung zwischen dem Menschen und seiner Umwelt, die sich in Jahrhunderten der Kultivierung des Bodens, der Bewältigung der Pflanzenwelt und der Kontrolle der Fauna herausgebildet hat".[49] Dieser Auffassung widerspricht Koponen sehr entschieden. Kjekshus tendiere dazu, so seine

Argumentation, die Gesellschaft im 19. Jahrhundert als etwas Statisches aufzufassen, wogegen gerade zum Ende dieser Periode "viele, wenn nicht sogar die meisten Gesellschaften auf dem Territorium Tanzanias einem mächtigen Prozeß des Wandels unterlagen".[50] Tatsächlich sind es gerade diese Verhältnisse des innergesellschaftlichen Umbruchs, die diese "heile Welt" ökologischer Harmonie, wie sie angeblich vorkolonial existiert haben soll, in "Unordnung" gebracht haben. Denn gerade dieser Wandel - wie auch immer er in Gang gesetzt worden war - fordert Mensch und Natur heraus. Und diese neue Herausforderung mußte durchaus nicht in jedem Fall und an jedem Ort erneut in eine "ökologisch kontrollierte Situation" münden.

Ein Fall dieser Art ist heute in Vergessenheit geraten, weil die Entwicklung bereits vorkolonial in eine ökologische Sackgasse mündete und dann unter kolonialen Bedingungen völlig zum Erliegen kam - gemeint ist der zu jener Zeit wichtige Wirtschaftszweig der Eisengewinnung und -verarbeitung.

Die Eisengewinnung - eine ökologische Sackgasse

Die Gewinnung von Roheisen in kleinen Hochöfen und dessen Weiterverarbeitung zu Hackenblättern, Pfeilspitzen, Drähten und anderen Metallerzeugnissen war unter den ostafrikanischen Völkern weit verbreitet. Es hatten sich mehrere Zentren herausgebildet, die auf bestimmte Produkte spezialisiert waren und sich in der angewandten Technologie, aber auch in der Arbeitsorganisation und Arbeitsteilung unterschieden. Allgemein waren jedoch das relativ hohe technische Niveau und die beachtenswerten handwerklichen Fähigkeiten dieser afrikanischen Metallurgen und Schmiede, die - wie man auch immer ihren Standard heute einschätzen mag - gewiß auch auf diesem Gebiet offensichtlich einen eigenständigen Weg eingeschlagen hatten.[51] Ihre Produkte spielten im Handel die Rolle eines allgemeinen Äquivalents und waren geschätzt, wie die europäischen Ostafrikareisenden feststellen mußten. Carl von der Decken, der 1859 Usangi am Fuße der Pare-Berge durchquerte, nannte diese Region im Nordosten Tanzanias das Eisenland, weil deren Erzeugnisse so bekannt waren wie Schwedenstahl in Europa.[52]

Zur Technologie berichtet Bergassessor Dr. Dantz aus dem Gebiet südlich des Victoria-Sees: "Die Eisenerze werden mit Holzkohle von bestimmten, mit den Namen Tunguru und Para bezeichneten Laubhölzern gemischt und in kleinen zylindrischen Öfen von etwa 0,80 bis 1 m Durchmesser und etwa 0,60 m Höhe geschmolzen. Die Öfen werden aus alten Tonröhrenstücken ... und faustgroßen *Raseneisenstücken* aufgebaut, im unteren Teile mit Holzkohle, im übrigen mit der oben angegebenen 'Möllerung' angefüllt. Die zur Verwendung kommenden primitiven 'Gebläsemaschinen', in der Regel vier bei jedem Ofen, bestehen aus einer länglichen, flachen, aus Holz geschnitzten schüsselartigen Doppelform, welche mit zwei Ziegenbälgen überspannt sind... An den Ziegenbälgen sind zwei Holzstäbchen befestigt, und diese werden von einem Eingeborenen ... abwechselnd in die Höhe gezogen und niedergedrückt, dadurch wird der Doppelblasebalg mit Luft gefüllt und entleert... Der Schmelzprozeß dauert ... etwa 6 bis 8 Stunden, das Ergebnis jeden Ganges ist ein durch Holzkohle verunreinigtes weiches schmiedbares Eisen von etwa 10 Pfund Gewicht, welches noch einmal durchgeschmolzen werden muß, ehe es weiterverarbeitet werden kann. Es dient fast ausschließlich zur Herstellung von großen, dreieckigen Hacken... Der Wert der Hacken, welche 200 bis 300 km weit transportiert werden, schwankt zwischen 1/4 und 1 Rupie (= 1,40 Mark), sie werden in der Regel im Tauschhandel gegen Nahrungsmittel oder Ziegen und Schafe (1 Tier hat hier den Wert von 1 Rupie) umgesetzt." Insgesamt, so die Meinung von Dr. Carl Dantz (von 1897 bis 1900 Regierungsgeologe in Ostafrika) handle es sich hier um eine für innerafrikanische Verhältnisse "ziemlich entwickelte Eisenindustrie".[53]

Die umfangreichen Informationen, die uns aus frühen Reiseberichten und ersten wissenschaftlichen Aufzeichnungen zur vorkolonialen Eisengewinnung und -verarbeitung überliefert sind, wurden von Historikern dokumentiert und aufgearbeitet.[54] Dennoch sind weitere Forschungen erforderlich, wie jüngst aufgestellte Hypothesen zeigen. So kommen der Archäologe Peter Schmidt und der Anthropologe Donald Avery auf Grund von Untersuchungen bei den Haya (Nordwest Tanzania) zu dem kühnen Schluß, daß diese den europäischen Metallurgen um ein Jahrhundert voraus gewesen wären, daß die Haya bereits vor 200 Jahren durch Vorwärmen der Luft im Hochofen eine Temperatur von bis zum 1400 Grad erreichten, was nicht nur den Schmelzprozeß effektiver gestaltet, sondern auch die Qualität des Roheisens verbessert hätte.[55] Diese Hypothese zwingt natürlich die Frage auf, warum trotz eines solchen Vorsprungs die Eisenindustrie der Haya stagnierte bzw. was "die weitere Entwicklung der Produktivkräfte" unterminierte. Der Historiker und Soziologe Bernard K. S. Kiyenze ist ihr nachgegangen und nennt zwei Gründe: Einen sieht er in der kastenähnlichen Organisation der Schmiede, die zwar in vielfacher Hinsicht die Produktion erst ermöglichte, aber mit ihren festen Riten und Tabus zugleich eine dynamische Weiterentwicklung behinderte. Ein weiterer Grund für die Stagnation ist für Kiyenze der Rohstoffmangel. Holz habe nur begrenzt zur Verfügung gestanden. Es sei zu einer Überausbeutung des Waldes gekommen, was nicht unwesentlich zum Rückgang der Produktivität beigetragen habe.[56]

Der Holzmangel ist gewiß, und eine Ausweitung der Roheisenerzeugung in europäischer Dimension war für Ostafrika bereits aus diesem Grund objektiv unmöglich, wie ein Vergleich zur Technikgeschichte der Frühen Neuzeit in dieser Region erhellt. Gerade dem Rohstoff Holz kam zu jener Zeit durch seine vielseitige Verwendungsmöglichkeit "ungeheure Bedeutung" zu, wie Fernand Braudel verallgemeinernd feststellt, weshalb "die ausgedehnten Waldbestände für Europa positiv zu Buche schlugen und eine der Quellen seiner Macht bildeten, während der Islam auf lange Sicht durch seine spärlichen Holzressourcen und ihre zunehmende Erschöpfung mehr und mehr ins Hintertreffen geriet".[57] Diese direkte Verkopplung der Rohstoffproblematik mit gesellschaftlichen Erscheinungen ist gewiß überzogen, jedoch unumstritten dürfte die Schlüsselfunktion bleiben, die dieser Rohstoff für so wichtige Wirtschaftszweige wie das Montanwesen hatte.

Was allerdings, und auch das lehrt die Technikgeschichte Mitteleuropas, was hier im Sinne der Produktivkraftentwicklung "positiv zu Buche schlug", wurde durch Raubbau erkauft und führte letztlich zu nicht unbeträchtlichen Umweltzerstörungen. Der Historiker Ulrich Troitzsch hat hierzu Quellenforschung betrieben und sich vor allem auf Agricolas Werk über das Berg- und Hüttenwesen gestützt. Denn dieser Humanist, Arzt und Mineraloge (1494-1555) schuf nicht nur die Grundlagen der Bergbaukunde, sondern war zugleich um eine realistische Naturbetrachtung in historischer Perspektive bemüht. Und so gehörte er zu denjenigen, die direkt auf die Umweltbelastungen ihrer Zeit eingingen, in einer Weise, die sehr neuzeitlich erscheint. Er sei auf die Verwüstungen durch das Montanwesen in einer Art Güterabwägung eingegangen, schreibt Troitzsch. "Hier Erhaltung der Natur bei gleichzeitiger Verarmung des Menschen, dort deren Zerstörung in einer bestimmten Region, aber dafür die Gewinnung von für die Menschheit lebensnotwendigen und wichtigen Bodenschätzen - wobei er letzterem den Vorrang gibt, nicht zuletzt mit dem damals durchaus noch plausiblen Hinweis, daß es ja noch genügend vom Menschen weitgehend ungeschädigte Gegenden gäbe."[58]

Die afrikanischen Metallurgen waren von der Natur nicht so begünstigt wie ihre europäischen "Kollegen". Und deshalb standen sie auch nicht vor der Alternative einer Güterabwägung. Die Ressourcenknappheit hat dem afrikanischen Entwicklungsweg der Eisenproduktion enge Grenzen gesetzt und damit auch die Entwicklung der Produktivkräfte auf anderen Gebieten beeinflußt - so gesehen, eine ökologische Sackgasse mit weitreichenden Konsequenzen. Ganz anders dagegen war die Situation in der Landwirtschaft. Sie ist ohnehin in vorkapitalistischen Produktionsweisen produktiver, wie Marx in den "Theorien über den Mehrwert" feststellte, "weil die Natur als Maschine und Organismus mitarbeitet, während die Naturkräfte in der Industrie fast noch ganz durch Menschenkraft ersetzt werden".[59]

Die Landwirtschaft - eine ökologische Herausforderung

Das Verhältnis Mensch-Natur im vorkolonialen Milieu war in der Landwirtschaft durch eine Vielzahl lokaler, den ökologischen Bedingungen angepaßten Lösungen gekennzeichnet. Der ökologischen Herausforderung durch die Natur haben sich die afrikanischen Bauern durch bemerkenswerte Flexibilität in der Ausnutzung der Gegebenheiten zur Sicherung ihrer Lebensexistenz gestellt. Beides, Variabilität und Flexibilität, sind geradezu typische Merkmale für das Verhältnis der afrikanischen Bauern zum Boden. Es ist das Ergebnis selbstbestimmten Handelns im Rahmen von Gemeinschaften (Großfamilie, Dorfgemeinde, Chiefdom), die durch verwandtschaftliche und ethnische Bindungen gewachsen sind und deren

Bestand durch Gemeinsamkeiten auf ökonomisch-sozialem sowie auf geistig-kulturellem Gebiet in den Traditionen gesichert wird.

Ein Beispiel für das vielschichtige Verhältnis des Menschen als Produzenten (Bauer) zur Natur (Boden) offenbart die in Ostafrika weit verbreitete Methode der Bodennutzung, die Landwechselwirtschaft (shifting cultivation).[60] Es haben sich im Laufe der Zeit zahlreiche Variationen und Abstufungen herausgebildet - was nicht zuletzt auch zu verschiedenen Bezeichnungen geführt hat [61], die vor allem durch die Mannigfaltigkeit der natürlichen Bedingungen verursacht sind, die vom tropischen Regenwald über die wechselfeuchte Savannenwaldzone bis zur Dornsavanne reichen. Allgemeines Kennzeichen der Landwechselwirtschaft ist, daß die natürliche Vegetation zumeist durch Brandrodung beseitigt und die so gerodete Fläche für einige Anbauperioden mit Kulturpflanzen bestellt wird. Ist der Boden erschöpft, wird das Feld als Brache der natürlichen Regeneration überlassen und ein neues Areal gerodet und bebaut. Dabei liegt der Kultur-Brache-Zyklus, den Untersuchungen von Allan zufolge, in der Waldzone kürzer (1-4 Jahren Anbau folgen 5-15 Jahre Brache) als in der Savanne, wo einer Nutzung von 2-10 Jahren bis zu 20 oder 30 Jahre der Erholung folgen müssen. Insofern bestimme "die Qualität des Bodens das Wesen des Systems".[62]

Aber, so vielfältig wie dieses System sich darstellt, so umstritten ist auch seine Bedeutung, sowohl in ökonomischer als auch in ökologischer Hinsicht. Im groben Überblick lassen sich zwei Standpunkte ausmachen, die Paul Richards beschrieben hat.[63]

Der System-Ansatz:

Hier wird die Landwechselwirtschaft als ein bestimmter Typ des Bodenbaus interpretiert. Es stehen die biologischen Faktoren in ihrer Wechselwirkung mit der menschlichen Arbeitskraft im Vordergrund des Interesses. Die Einschätzung des wirtschaftlichen Werts machte jedoch in den letzten Jahrzehnten einen bemerkenswerten Wandel durch. Sah man zunächst den Aspekt der Ausbeutung des Bodens, d.h. die Zerstörung seiner natürlichen Fruchtbarkeit und die Vernichtung des Waldes durch Brandrodung als

Maßstab, so gewann neuerdings auch jene Sichtweise an Bedeutung, die die Landwechselwirtschaft als ein spezifisches Anbausystem oder sogar Ökosystem zu interpretieren versucht. Zur erstgenannten Auffassung neigt der Historiker C. Wrigley, wenn er in der Oxford History of East Africa schreibt: "Der Boden wird solange bestellt, bis die Erträge abnehmen, und dann bis zu seiner Regeneration durch Natur liegengelassen. Die neuen Felder legte man auf dem benachbarten Brachland an. Es wurde nicht versucht, durch systematische Fruchtfolge oder Anwendung von Dünger die Bodenfruchtbarkeit auf hohem Niveau unter ständiger Kultivation zu erhalten." Er fügt dann jedoch hinzu: "Das wäre unter afrikanischen Verhältnissen nicht nur äußerst schwierig, sondern auch völlig sinnlos gewesen. Denn das System basierte auf der durchaus zutreffenden Prämisse, daß Boden kein Mangelfaktor ist." [64] Damit näherte er sich bereits der neueren Auffassung an, daß die Landwechselwirtschaft eine spezifische Form der Interaktion zwischen biologischen, ökonomischen und sozialen Faktoren ist, die unter afrikanischen Bedingungen durchaus eine rationale Form der Naturaneignung sein könne.

Der Entwicklungs-Ansatz:

Der Kern dieser auf Ester Boserup [65] zurückgehenden Theorie - das sog. Boserup-Modell - ist die Annahme, daß die Landwechselwirtschaft eine der frühen Phasen in der Entwicklung des agrarwirtschaftlichen Fortschritts darstelle. Denn sie geht davon aus, daß Systeme permanenten Anbaus, wie beispielsweise die Wasserreiskultur in Südostasien, allgemein arbeitsintensiver sind als die Landwechselwirtschaft. Es werden höhere Erträge erzielt, die allerdings auch einen höheren Einsatz erfordern. Deshalb wird der Bauer dort, wo Boden (noch) ausreichend zur Verfügung steht, eher dazu neigen, seine begrenzte Arbeitskraft auf extensive Weise einzusetzen.

Bemerkenswert und umstritten zugleich ist die hieraus abgeleitete These, wonach die Triebkraft für den Fortschritt in der Landwirtschaft der Druck der wachsenden Bevölkerung auf den Boden wäre. Ohne ihn würde den Agrargemeinden jener Stimulus fehlen, der sie objektiv zu entwickelteren

Anbaumethoden zwänge. Eine solche These drängt die Frage auf, ob die Landwechselwirtschaft noch Entwicklungspotenzen besitzt oder als rückständiges, historisch überholtes System überwunden werden müsse. Letzteres glaubt der französische Historiker Fernand Braudel. In seinem umfassenden Entwurf einer Weltgeschichte schreit er über den Brandrodungsfeldbau in Schwarzafrika zusammenfassend: "Die Hackbauern sind rückständig, weil sie der geringe Bevölkerungsdruck noch nicht zur schweren Arbeit mit Pflug und Gespann zwingt... Zwar wirtschaften die Hackbauern (im Hinblick auf Zeit- und Arbeitsaufwand) produktiver als die europäischen Pflüger und asiatischen Reisbauern, sie können aber keine zahlenstarke Gesellschaft ernähren."[66] Braudel stützt sich in dieser global verallgemeinernden Behauptung auf die Theorie von Boserup, sie jedoch hat sich vorsichtiger ausgedrückt. Es sei keineswegs gesichert, schreibt sie, daß die extensive Bodennutzung der intensiven in jedem Teil der Welt vorausging. Aber umgekehrt scheint es auch keinen Grund zum Zweifel zu geben, "daß die typische Reihenfolge in der Entwicklung der Landwirtschaft ein allmählicher Wechsel ... von extensiven zu intensiven Typen der Nutzung gewesen ist".[67]

Zumindest zwei Einwände sind zwingend: Einmal offenbart die historische Realität des vorkolonialen Tansania ein anderes Bild. Denn neben der extensiven Landwechselwirtschaft in den großen Regionen des zentralen und südwestlichen Miombo-Waldes (Savannenzone mit starkem Baumbestand) sowie des südöstlichen Buschlandes, wurde dort, wo es die Naturbedingungen zuließen, intensiver Bodenbau betrieben (an den Ausläufern des Kilimanjaro im Norden und westlich des Victoria-Sees).[68] Zum anderen ist bei der Beurteilung der Agrarsysteme der ökologische Faktor völlig unbeachtet geblieben. Er gewann im Verlaufe der Zeit zunehmend an Bedeutung, und für Richards ist er sogar entscheidend. Landwechselwirtschaft und permanenten Bodenbau müsse man zweifellos als verschiedene Systeme betrachten, "aber das eine ist nicht notwendigerweise fortgeschrittener als das andere. Die entscheidende Frage, auf die es bei dem jeweiligen Ansatz ankommt, ist die, wie gut ein spezifisches Agro-ökosystem unter gegebenen ökologischen und ökonomischen Bedingungen funktioniert."[69]

Diese Auffassung hat weitreichende Konsequenzen. Denn wenn man die Landwechselwirtschaft als rückständiges System in ein Entwicklungsschema einstuft, das einer historisch vergangenen Epoche mit einem "äußerst niedrigen Niveau der menschlichen Arbeitskraft"[70] entstammt, dann müßte seine Überwindung dringlichste Aufgabe der Agrarpolitik sein. Allerdings zwingt der ökologische Blickwinkel, den Akzent anders zu setzen. Denn ist es nicht so, daß gerade die über Jahrhunderte erworbenen Kenntnisse und Erfahrungen, die der afrikanische Bauer im Umgang mit dem Boden einzubringen vermag, eine ebenso wichtige Ressource sind wie andere Produktionsfaktoren?

Diese Frage haben einige Agrarökonomen bejaht, und zwar bereits zu einer Zeit, als noch nicht von der ökologischen Krise Afrikas gesprochen wurde. Zu ihnen gehört William Allan, der in den 40er Jahren das Department of Agriculture im damaligen Nordrhodesien leitete - eine Einrichtung, die sich auf langjährige Forschungen ihres Regierungsökologen (!) C.G. Trapnell stützen konnte (er hatte eine Klassifizierung der Böden nach ökologischen Charakteristika ausgearbeitet). Allah befaßte sich in seiner Arbeit über den afrikanischen Bauern - den er als Landmann (husbandman) bezeichnete, um ihn vom europäischen Bauern zu unterscheiden - sowohl mit den ökologischen Faktoren des Bodenbaus als auch mit den eigentlichen landwirtschaftlichen Praktiken der Bauern selbst und machte so den Menschen mit seinen Fähigkeiten zum Gegenstand der Forschung. Mit seinen Augen müsse man versuchen zu sehen, denn die eigenen Konzepte von Landnutzung seien mit Vorurteilen belastet, stammen aus einer völlig anderen Gesellschaft mit völlig anderen Umweltbedingungen.[71]

Angesichts dieser Auffassung könnte man Allan nachträglich zum Vorreiter der Ökologiebewegung erheben, wenn er denn damals von dieser etwas gewußt hätte. Für ihn war der shifting cultivator kein Omnicarnivore, sondern - modern ausgedrückt - eine Art Ökobauer, entsprechend der ihm gegebenen Möglichkeiten, von dessen Umgang mit der Natur es zu lernen gab. Allah beschreibt ihn als einen Mann, der die Umwelt mit den eigenen Bedürfnissen in Einklang zu bringen versteht, der die Fruchtbarkeit des Bodens und dessen Eignung für eine bestimmte Pflanzenart abschätzen könne sowie das Potential des Bodens zu beurteilen vermag, um die Anzahl der Anbau- und Ruheperioden zu bestimmen, die er benötige, um wieder bestellt werden zu können. "Dieser Fundus an ökologischem Wissen ist die Basis der Landwechselwirtschaft."[72] Die Schlußfolgerung heute - man solle diese Art der Bodennutzung nicht auf das Problem reduzieren, wie der Übergang zu einer vorgeblich höheren Form zu erreichen sei, sondern auch die Landwechselwirtschaft als eine Ressource sehen.[73]

Ob sich nun die ökologische Situation des Territoriums des heutigen Tansanias am Vorabend der kolonialen Unterwerfung als Gleichgewichtszustand charakterisiert werden kann (Helge Kjekshus), ist nicht nur umstritten, sondern nicht ganz unberechtigt angezweifelt worden.[74] Wichtig ist jedoch festzuhalten, daß - um auf das hier verwendete Beispiel zurückzukommen - dieses Verhältnis des Bauern zum Boden von einem ökonomischen Gesamtsystem geprägt wurde, das allgemein Züge der Subsistenzwirtschaft trug. Das soll hier zunächst nur heißen, daß es hauptsächlich darauf ausgerichtet war, die Existenzgrundlagen der Gemeinschaft zu ermöglichen und zu sichern, jedoch nicht, um einen "Profit" zu erzielen.[75]

Das Verhältnis des Menschen zum Boden war - solange dieser ausreichend zur Verfügung stand - unter solchen Bedingungen nicht viel anders als sein Verhältnis zu Luft oder Wasser, ein Geschenk der Natur. Ökonomie und Gesellschaft hatten sich eben (noch) nicht verselbständigt, wie in der kapitalistischen Marktwirtschaft. So schrieb Karl Polanyi 1944 in dem Kapitel "Markt und Natur" kritisch, daß der Boden ein mit den Lebensumständen des Menschen untrennbar verwobenes Stück Natur sei, denn "die Arbeit ist Teil des Lebens, und der Boden bleibt Teil der Natur, Leben und Natur bilden ein zusammenhängendes Ganzes". Aber im Marktsystem sei der Mensch als Arbeitskraft und die Natur als Grund und Boden vermarktet worden; daß man aus diesem Stück Natur einen Markt gemacht habe, "war das vielleicht absurdeste Unternehmen unserer Vorfahren".[76]

Dieser Prozeß, den Polanyi auf die Industrieländer Westeuropas bezog, setzte dann im susaharischen Afrika zum Ende des 19. Jahrhunderts ein, als der Kolonialismus den Kontinent vollends unterworfen hatte. Die

Wirkungsmächtigkeit kolonialer Herrschaft zerbrach nicht nur die autochthonen Strukturen und Institutionen, veränderte nicht nur die traditionellen sozialen Beziehungen und höhlte nicht nur die alten Werte aus, sondern mußte sich auf Grund dieser allumfassenden Beeinflussung auch auf das sich im Kontext dieses historisch entstandenen Systems ökologischer Beziehungen auswirken. Auf welchem Lebensniveau der Bevölkerung dieses System auch immer basierte, so sicherte es doch den Menschen ihre Existenz und schützte die Umwelt vor dem Zusammenbruch. Und es war immerhin so stabil, daß es selbst "durch eine Reihe von Epidemien, die Mensch und Tier gleichermaßen trafen, durch periodische Hungersnöte und intertribale Konflikte erhalten blieb".[77]

KOLONIALISMUS UND UMWELT - DIE ANFÄNGE

Mehr als ein halbes Jahrhundert währte die Periode direkter Kolonialherrschaft in Ostafrika, eine Zeit, die auch inder Umweltgeschichte nachhaltig Spuren markierte. Im Gebiet des heutigen Tansania begann sie, nach einem kurzen Interregnum deutscher Kolonialgesellschaften, mit der Okkupation durch die deutsche Kolonialmacht 1889. Der Wirkungsmechanismus fremdherrschaftlicher Macht- und Wirtschaftspraktiken auf die bestehenden ökologischen Verhältnisse war vielgestaltig, zeitigte sich sofort, hatte aber auch Effekte, die sich erst längerfristig offenbaren sollten. Allein schon die Tatsache, daß mit der Schaffung eines geschlossenen politischen Gebildes, des Kolonialstaates Deutsch-Ostafrika, erstmals ein genau definiertes Territorium existierte und die in ihm lebenden Völker im wahren Wortsinn nunmehr "eingegrenzt" waren, sollte weitreichende Konsequenzen haben. Als besonders folgenreich erwies sich, daß die bisher freien Wanderungen der Viehzüchter, aber auch die Flexibilität der Bodenbauern, die ihnen die Landwechselwirtschaft aufzwang, in dem Maße behindert wurden, wie die Kolonialmacht ihre Herrschafts- und

Wirtschaftsstrukturen etablierte und festigte. Das war der erste Eingriff in das äußerst labile Verhältnis von Bevölkerungsdichte pro Fläche und wirtschaftlichen Potenzen, die der Boden zum Lebensunterhalt unter gegebenen Produktionsbedingungen bot. Eine auf Umweltgeschichte orientierte Forschung muß hier zwei Aufgaben im Auge haben: *Zum einen* die durch den kolonialen Einbruch bewirkten ökonomischen und sozialen Veränderungen der afrikanischen Gesellschaften und ihre ökologischen Folgen möglichst exakt an Hand von Quellen sachlich zu dokumentieren; *zum anderen* verdient die Kolonialmacht selbst Aufmerksamkeit, von welchen Interessen sie sich leiten läßt, welche Instrumente sie einsetzt, welche wirtschaftlichen Ziele sie verfolgt und inwieweit ökologische Faktoren eine Rolle spielen.

Die in den letzten Jahren vorgelegten Untersuchungen zur Kolonialgeschichte machen eine Korrektur des bisherigen Bildes über die Bedeutung des Kolonialismus für den Werdegang der afrikanischen Völker in der ersten Hälfte des 20. Jahrhunderts notwendig. Die Widersprüchlichkeit und Differenziertheit einer unter fremdherrschaftlichen Bedingungen ablaufende Entwicklung können nicht allein auf Raub und Plünderung, Ausbeutung und Unterdrückung reduziert werden, wenngleich diese zweifellos dem Kolonialismus immanent waren und deshalb die ökologische Frage zumeist auf diesen Aspekt, verständlicherweise, reduziert wird. Unter der deutschen Kolonialherrschaft seien landschafts-zerstörende Prozesse in Gang gesetzt worden, schreibt der Biologe Karl-Heinz Häberle, die sich erst nach dem Ersten Weltkrieg großflächig auswirken sollten. "Oberstes Ziel der Besetzung von Kolonien war die Ausbeutung von Rohstoffen zur Versorgung der Industrien in den europäischen Metropolen. Der einzige ausbeutbare Rohstoff Deutsch-Ostafrikas war der Boden."[78]

Unbestreitbar ist, daß sich ökonomische Eingriffe in das bisherige Wirtschaftssystem der einzelnen Völker sofort und direkt ökologisch auswirkten. Fälle dieser Art lassen sich durch Quellen zahlreich belegen. Aber die Spezifik der sich unter kolonialen Verhältnissen herausbildenden Umweltproblematik ist diffiziler. Denn diese offenbart sich in ihrer ganzen Dimension zumeist erst nach Jahrzehnten und ist zudem häufig nicht unmittelbar

Folge ökonomischen Eingriffs. Letzteres widerspiegelt der sogenannte Tsetse-Fall.

Die Trypanosomiasis und das ökologische Gleichgewicht

Mit "Tsetse-Fall" ist hier die auffällig rasche Ausbreitung der von der Tsetse-Fliege befallenen Landstriche in den Anfangsjahren der deutschen Okkupation gemeint. Die Lebensweise dieses Insekts ist zumeist an einen halbschattigen, nicht allzu feuchten Vegetationstyp gebunden, der für große Teile der Trockenwälder und Savannen Tansanias charakteristisch ist. Als Überträger parasitärer Einzeller (Trypanosomen) verursacht sie bei Rindern und anderen Haushuftieren die Nagana und beim Menschen die Schlafkrankheit (Trypanosomiasis). Hieraus leitet sich ein äußerst fragiles Verhältnis zwischen Mensch und Natur ab. Denn einerseits meidet der Bauer die von der Tsetse befallenen Gebiete, andererseits ist gerade das von ihm "unter Kultur" genommene Land eine Barriere gegen diese Fliege.

Die Überprüfung des historischen Materials spricht für die Richtigkeit der Annahme, daß sich mit Beginn der direkten kolonialen Herrschaft die von der Tsetse verseuchten Gebiete ständig ausgedehnt haben. Während in einer von deutschen Kolonialbeamten 1913 zusammengestellten Karte ca. ein Drittel der Kolonie entsprechend markiert sind, beträgt diese Fläche Mitte der 30er Jahre bereits zwei Drittel des Territoriums [79]; und diese Situation veränderte sich auch bis zum Ende des Zweiten Weltkrieges nicht. Es bestanden nunmehr drei sogenannte Gürtel: Im Westen mit einer annähernden Ausdehnung von 243.000 km², im Osten mit 222.000 km² und im Norden mit 51.000 km². Frei von der Fliege sind die dicht besiedelten Gebiete südlich des Victoria-Sees und die baumlose "Kultivationssteppe" der Sukuma sowie ein zentraler Korridor, wo Berge, das Hochplateau im Süden und semi-arides Buschland deren Ausbreitung abriegeln. Zur Rückgewinnung von Land habe man eine billige und effektive Methode noch nicht gefunden, heißt es im Begleittext einer Verbreitungskarte von 1947. "Annähernd 3.367 km² wurden in den letzten Jahren zurückgewonnen und weitere 2.590 km² werden derzeitig ausgeglichen. Erste Fortschritte sind zu sehen, aber trotzdem steht zweifelsfrei fest, daß im

Territorium noch immer mehr Land an der Fliegenfront verloren geht als zurückerobert wird."[80]

Die Diskussion der Ursachen dieser ökologischen Katastrophe ist voll entbrannt. Den Impuls gab offensichtlich die umfangreiche Untersuchung von John Ford aus dem Jahre 1971 über die Rolle der Trypanosomiasis in der afrikanischen Ökologie.[81] Er hat die bislang vorherrschende Meinung widerlegt, daß der Tsetse-Gürtel seit langem existiert und ein statisches Hindernis für die Ausbreitung der Viehzüchter und anderer Wirtschaftsweisen darstellt. Aber keineswegs geht er soweit, allein in der Ökonomie den Schlüssel für das Verständnis der ökologischen Krise unter kolonialen Bedingungen zu suchen. Anders dagegen Helge Kjekshus, der von einer Art Dualismus ausgeht: Während sich seiner Meinung nach die vorkolonialen Wirtschaftssysteme in einer "ökologisch kontrollierten Situation" befanden, die sich in Jahrhunderten zivilisatorischer Arbeit herausgebildet hatte, und die Gefahren der Trypanosomiasis neutralisiert worden wären, sei dieses Gleichgewicht in den Jahren nach 1890 infolge der extensiven Vernichtung der materiellen Basis durch den Kolonialismus und des Zerfalls der sozialen Strukturen und ökonomischen Einrichtungen zerstört worden. "Allgemein kann man für dieses Jahrzehnt sagen, daß sich die Bedingungen für das Wirtschaftsleben verschlechterten und viele Stämme in jene Grenzwildnis zurückgeworfen wurden, wo die Eroberung des Ökosystems einst begann." Hieraus erkläre sich der Gegensatz zwischen präkolonialer und kolonialer Periode im Sinne einer Dichotomie.[82]

Es ist schon so, der "Tsetse-Fall" erhellt schlaglichtartig das ökologische Drama im frühkolonialen Ostafrika, allerdings ohne zugleich auch dessen Ursachen schon preiszugeben. Deshalb wäre es ein Irrtum anzunehmen, er könnte als etwas Typisches für die ökologische Krise in ihrer kolonialen Variante gelten. Denn keineswegs läßt sich das Ökologieproblem direkt aus der "Zerstörung der lokalen Ökonomien" ableiten. Abgesehen davon, daß Kjekshus hier eine Trennlinie zwischen präkolonialer Entwicklung und kolonialer Zerstörung zieht, die so scharf nicht existierte [83], ist die Ökologie etwas Komplexes und Vielschichtiges, das also durch viele Faktoren beeinflußt werden kann. Deshalb fordert Richards vom Historiker, daß er nicht nur den ökonomischen, politischen und sozialen, sondern "aus eigenem Interesse auch den ökologischen Variablen mehr Aufmerksamkeit schenken" müsse, wozu eben die Pathogenese der Tiere und Pflanzen ebenso gehöre wie Klima- und Bodenverhältnisse. Die These von der kolonialen Penetration sei zu simpel, um allein die Ausbreitung der Trypanosomiasis erklären zu können.[84]

Eine solche Forderung nach Einbeziehung der Erkenntnisse von Entomologen, Botanikern, Geologen etc. ist zweifellos berechtigt, zumal die Kolonialadministration selbst diese Spezialisten in die Kolonie holte, um entsprechende Analysen anfertigen zu lassen, so daß hier auch auf historische Quellen zurückgegriffen werden kann. Sie jedoch zwingen auch zur eingehenderen Auseinandersetzung mit der eigentlichen Kolonialpolitik, deren Eingriffe nicht so durchgängig auf ökologische Degradation hinwirkten. Vielmehr sollten wir fragen: Was war beabsichtigt, was wurde daraus, und wie haben wir das heute zu sehen? Mehr als zunächst zu erwarten, trifft gerade in Sachen Ökologie zu, was Robert Heusler über die Fähigkeiten der Kolonialbeamten auf die kurze Formel brachte: "What was planned did not happen and what happened was not foreseen until it was too late for the planners to do much about it."[85]

Die ökologische Sprengkraft des kolonialwirtschaftlichen Umbruchs

Der Tsetse-Fall erscheint heute wie ein Lehrstück über ökologische Katastrophen in der Geschichte, nur daß in Ostafrika äußere Kräfte die Initiatoren waren. Er veranschaulicht, wie ein über Jahrhunderte gewachsenes und (scheinbar) im Gleichgewicht befindliches System, einmal "gekippt", völlig zugrunde zu gehen droht. Er mag in mancher Hinsicht typisch sein für historische Situationen dieser Art und zu jener Zeit, läßt jedoch aus heutiger Sicht nur bedingt Verallgemeinerungen zu. Von weiterreichender Wirkung im Sinne der "longue durée" von Fernand Braudel hingegen erwies sich, auch wenn das anfangs nicht immer erkennbar war, die ökologische Sprengkraft der wirtschaftlichen Veränderungen, die durch die Etablierung der kolonialen Herrschaft in Gang kamen.

Allerdings gilt es auch hier, die Besonderheiten zu beachten, die sich aus der Spezifik der Geschichte des Kolonialismus in Ostafrika ergeben. Hierzu gehört u.a., daß sich eine Kolonialwirtschaft auf dem Territorium des heutigen Tansania erst im Verlaufe von Jahren herausgebildet hat, was zu Differenzierungen zwingt. Das gilt bereits für die frühe (deutsche) Phase des Kolonialismus in Ostafrika. Von den bisherigen Forschungsergebnissen ausgehend, lassen sich im wesentlichen drei Perioden unterscheiden, die jeweils unterschiedliche Absichten und Wirkungen im Hinblick auf die Umwelt zeigten:

Erste Periode - Die Jahre der Invasion, territorialen Okkupation und Unterwerfung der einheimischen Gesellschaften
(1884-1898)

Gewalt und Terror durch sog. Unterwerfungsfeldzüge, Strafexpedititionen und Zwangsumsiedlungen kennzeichneten diese ersten Jahre der Ausdehnung kolonialstaatlicher Macht in das Hinterland, nachdem der "Araberaufstand" an der Küste (1888/89) niedergeschlagen war. Den härtesten Widerstand leisteten die Hehe.[86] Erst nach dem Tod ihres Führers Mkwawa im Juli 1898 gaben sie sich geschlagen. Vom Ausmaß des militärischen Einsatzes gibt der von den einzelnen Kommandeuren geführte "Gefechtskalender" einen gewissen Eindruck. Von 1891 bis 1897 werden nach gewiß unvollständigen Angaben insgesamt 61 bewaffnete Aktionen verschiedenster Art gegen die afrikanische Bevölkerung aufgeführt.[87] Wenn dieser Kolonialkrieg auch nicht durch regelrechte Fronten gekennzeichnet war und auch nicht das gesamte Territorium zur gleichen Zeit erfaßt hatte, so prägte er doch auf Grund seiner Bedeutung und Wirkung den Charakter dieser Periode des Kolonialismus. Es überwog das Destruktive, die Vernichtung von menschlichem Leben und natürlichen Ressourcen. Diese Tendenz konnten auch nicht gelegentliche Bemühungen von Vertretern der Reichsregierung stoppen, die angesichts der Berichte aus Deutsch-Ostafrika dem Wüten der Kolonialoffiziere Einhalt zu gebieten suchten.[88]

Zweite Periode - Beginn der kolonialwirtschaftlichen Erschließung und Ausbeutung (1898-1905/07)

Mit der Kontrolle der Bevölkerungszentren und der Kommunikationsverbindungen begann die Periode der Konsolodierung der deutschen Herrschaft auf wirtschaftlichem Gebiet. Die ökonomische Sinnfälligkeit kolonialer Praxis setzte sich immer stärker auch in der Politik durch.[89] Zahlreiche Maßnahmen der Kolonialadministration zielten auf die wirtschaftliche Erschließung ab, allerdings mit sehr unterschiedlicher Wirkung. Weitreichende Folgen hatten der Bau der Eisenbahn - 1891 wurde der auf der Strecke von Tanga in das Plantagengebiet von Usambara projektiert, der Bau benötigte aber für die 129 km nach Mombo insgesamt 14 Jahre[90] - sowie die Einführung der Hüttensteuer.

Diese "Verordnung betr. die Erhebung einer Häuser- und Hüttensteuer in Deutsch-Ostafrika vom 1. November 1897", die ein halbes Jahr später in Kraft trat, hatte zunächst einmal den Zweck, Finanzmittel für den Unterhalt der Kolonie einzutreiben, wobei mit der "Anerkennung der Steuerpflicht" zugleich "die deutsche Herrschaft überhaupt" akzeptiert werden sollte, wie Gouverneur von Götzen 1903 feststellte. Weitergehend verfolgte diese Verordnung die Durchsetzung von Ware-Geld-Beziehungen, denn um dieser "Steuerpflicht" nachkommen zu können, mußte der Afrikaner nunmehr Lohnarbeit aufnehmen. Mangel an billigen Arbeitskräften herrschte seit Bestehen der Kolonie, und mit Zwangsarbeit ließ sich angesichts des massiven und massenhaften Widerstands der Afrikaner die wachsenden Nachfrage, die vor allem von den Plantagenbesitzern kamen, nicht mehr erfüllen; und aus ihrer Sicht blieb der "Erfolg" nicht aus.[91] Beide Maßnahmen förderten also direkt die Entstehung eines Plantagensektors, mit problematischen Folgen für die Ökologie.

Zugleich wurde in den übrigen Gebieten, als eher indirekte Auswirkung, ein Prozeß in Gang gesetzt, der die traditionellen sozialen Strukturen und Beziehungen nicht nur erschütterte, sondern in vielen Fällen zu untergraben begann. Dabei wurde der afrikanische Bauer nicht proletarisiert, sondern er verwandelte sich in einen Wanderarbeiter, der in einem bestimmten zeitlichen Rhythmus für Lohn auf einer Plantage oder beim

Bahnbau etc. Arbeit aufnahm, jedoch immer wieder in sein Heimatdorf zurückkehren mußte, um sich um seine zurückgebliebene Familie und die Felder zu kümmern, denn der Lohn reichte nicht, um auch sie zu ernähren. Dieser "Pendler zwischen zwei Welten" - weder freier Arbeiter, noch Bauer mit den ihm eigenen Interessen - wurde zur typischen Erscheinung kolonialer Wirtschafts- und Ausbeutungspraxis und blieb während der gesamten Kolonialzeit existent.

Die Auswirkungen dieses Wandlungsprozesses in der Sozialstruktur waren zeitlich wie territorial sehr verschieden. Aber bereits in der Anfangsphase offenbarte sich die ganze Dramatik eines solchen Eingriffs in die alten Verhältnisse. Die zentrale Region um Tabora - vorwiegend von Nyamwezi besiedelt - stand infolge der Wanderarbeit vor einer Bevölkerungskatastrophe. J. M. M. van der Burgt, seit 1892 als Missionar der Weißen Väter 20 Jahre in diesem Gebiet tätig, hat in einem aufrüttelnden Bericht die Lage dargestellt: In Ushiromo, im Nordwesten von Unyamwezi, sei die Landwirtschaft in dieser Zeit in einem ständigen Niedergang, weil "die meisten kräftigen Männer und Jünglinge durch Anwerber aus dem Lande geschleppt oder gelockt werden oder sie gehen aus eigenem Antrieb in die Plantagen an der Küste oder an der Eisenbahn. Davon kehrt nur ein Drittel wieder zurück". Nach seinen Beoachtungen hätte die Bevölkerung 1912 soweit abgenommen, daß eine völlige Entvölkerung von Unyamwezi drohte. Um dies zu verhindern, schlug van der Burgt vor, die Anwerbung von Arbeitskräften zu verbieten und den Afrikaner zum Anbau zu erziehen. Man müsse die Negerrasse schützen, so fordert der Missionar, "denn die Neger sind der größte Reichtum Deutsch-Ostafrikas".[92]

Die Entvölkerung hatte insgesamt negative Konsequenzen für die Umwelt, da sie mit einer Ausbreitung von Busch- und Waldvegetation einherging und so etwa der Ausbreitung der Tsetse-Fliege Vorschub leistete. Spezielle Konsequenzen, besonders unter dem Gesichtspunkt der Arbeitskraft, hatte die selektive Abwanderung von Männern infolge der Wanderarbeit. Als eine besondere Form der Überausbeutung ruinierte sie nicht nur die traditionelle soziale Gemeinschaft der Afrikaner und deren überkommene Wirtschaftssysteme, sondern langfristig gesehen zugleich das hiermit verbundene ökologische System insgesamt. Ein Zusammenhang mit einer gewissen inneren Logik. Denn - "weder die den Wanderarbeitern gezahlten Löhne noch die Einkünfte aus kleinbäuerlicher Landwirtschaft reichten aus, um einen Mann und seine Familie voll zu ernähren; beide Systeme waren davon abhängig, daß die Frauen die für sie und ihre Kinder notwendigen Nahrungsmittel anbauten. Die Abwesenheit der Migration hatte besonders negative Effekte für die Umwelt in ihren Heimatgebieten, da gewöhnlich während der Trockenperiode anfallende Arbeiten wie Bodenkonservierung, Unterhalt von Bewässerungsanlagen oder Hausbau vernachlässigt wurden"[93] (die von den Männern zu leisten waren).

Dritte Periode - Schaffung kolonial-kapitalistischer Grundstrukturen und Mechanismen (1908-1914)

Im Juli 1905 brach in den Matumi-Bergen im Südosten der Kolonie erneut ein Aufstand aus. Er wurde nach zweijährigem Krieg niedergeschlagen, erschütterte dennoch die Kolonialherrschaft alten Stils. Eine Revision der bisher verfolgten Strategie und die Neufestsetzung der kolonialwirtschaftlichen Ziele wurde zwingend. In den Vordergrund rückte nunmehr eine für das Reich nutzbringende wirtschaftliche Ausbeutung der Kolonie. Und die Protagonisten hießen Rechenberg und Dernburg.

Dr. Albrecht Frh. von Rechenberg war von 1906 bis 1911 Gouverneur von Deutsch-Ostafrika, bemerkenswerterweise der erste Mann auf diesem Posten, der nicht aus dem Offizierskorps kam; Bernhard Dernburg, von 1901 bis 1906 Direktor der Darmstädter Bank, wechselte in diesem Jahr in die Kolonialabteilung des auswärtigen Amtes und übernahm dann die Leitung des neugeschaffenen Reichskolonialamtes (RKA) als nunmehr eigenständige Behörde, die er 1910 aufgab. Dernburgs kolonialpolitisches Credo ist in zwei bemerkenswerten Arbeiten festgeschrieben. Es sind dies der Bericht an die Regierung vom November 1907, in dem die Verhältnisse in Deutsch-Ostafrika analysiert werden [94], sowie eine Sammlung von Vorträgen, die im gleichen Jahr unter dem programmatischen Titel "Zielpunkte des deutschen Kolonialwesens" herausgegeben wurden.

Die Hauptgedanken lassen sich mit folgenden drei Schwerpunkten zusammenfassen:

1. Abwendung von der bisherigen Praxis der "gewöhnlichen" Ausbeutung des Menschen durch direkten, außerökonomischen Zwang, durch Raubbau und Ausplünderung der natürlichen Ressourcen. Hinwendung zum "Eingeborenen" als dem "Hauptwertgegenstand in Deutsch-Ostafrika", so Dernburg in dem erwähnten Bericht. "Es ist deshalb auch eine Hauptaufgabe vom wirtschaftlichen Standpunkt, daß es zu kriegerischen Zusammenstößen zwischen Weiß und Schwarz nicht kommen darf, und dies wird dann der Fall sein, wenn der Schwarze sich in seiner Lage wohl befindet und seine Wirtschaft verbessert."[95]

2. Schaffung einer Kolonie, die wirtschaftlich soweit entwickelt sein sollte, daß sie sich durch Steuern, Zölle etc. selbst tragen und zudem die deutsche Industrie mit wichtigen Rohstoffen beliefern kann, um sie weitgehend vom Weltmarkt unahängig zu machen.[96]

3. Aufgabe der bisher verfolgten Konzeption von der Siedlerkolonie. Er sei nunmehr zu der Überzeugung gekommen, schreibt Dernburg im Dezember 1907, "daß die Wirtschaft Ostafrikas auf der Tätigkeit der Plantagen und Ansiedler (deren gibt es vielleicht 50 oder 60) nicht beruhen kann, daß dieses Land nach seinen natürlichen Hilfsquellen, nach seinen einheimischen Produkten, nach der natürlichen Erfahrung seiner Eingeborenenbevölkerung entwickelt werden muß und daß bei aller Fürsorge für europäisches Kapital die Entwicklung der Eingeborenenwirtschaft der sicherste Weg ist, das Deutsche Reich von seinen Zuschüssen zu entlasten und damit den Weg zu einer groß angelegten Kolonialpolitik zu eröffnen."[97]

ANSTELLE EINES SCHLUSSABSCHNITTES: NACHWORT DES HERAUSGEBERS

Mit diesem Zitat endet der Beitrag im Original. Seine Vollendung war dem Autor nicht mehr vergönnt. Dr. Jürgen Herzog, Historiker und Ethnologe, ist am 29. Juli 1993 dem schweren Leiden erlegen, gegen das er seine Schaffenskraft so lange Zeit immer wieder erkämpfen mußte. Seine Kollegen am Forschungsschwerpunkt Moderner Orient, zu denen auch der Herausgeber noch eine leider viel zu kurze Weile gehören durfte, trauern um ihn. Sie fühlen sich seinem Vermächtnis als dem eines engagierten Denkers und zugleich sorgfältigen Arbeiters an der Geschichte Afrikas verpflichtet, der sich seinen eigenen Kopf und Mund nie verbieten ließ.

Zu Jürgen Herzogs Vermächtnis gehört auch der vorliegende Beitrag. Er entstand im Jahre 1992 als Ausgangspunkt bzw. Standortbestimmung und zugleich als erstes Ergebnis eines von der Deutschen Forschungsgemeinschaft (DFG) geförderten Forschungsvorhabens zur Umweltgeschichte Ostafrikas. Aufgrund der Neuartigkeit dieses Projekts, zumindest im Zusammenhang der deutschsprachigen Afrika-Geschichtsschreibung Durch das Fortschreiten seiner Krankheit kam der Autor nicht mehr zu der von ihm selbst geplanten Überarbeitung des Papiers. Diese Aufgabe fiel daher dem Herausgeber zu. Dabei wurde auf inhaltliche Änderungen soweit wie möglich verzichtet; nur wenige Halbsätze wurden aktualisiert bzw. deutlicher formuliert. Auf zusätzliche Literaturhinweise wurde, mit einer Ausnahme, verzichtet. Das schwierigste Problem, das sich dem Herausgeber stellte, war das Fehlen eines Schlußabschnittes, der den in dem Beitrag entwickelten Gedanken zuspitzen und zu einem Ausblick führen würde. Selbstverständlich wäre nur der Autor selbst kompetent gewesen, diesen zu verfassen. Der Herausgeber konnte stattdessen nur versuchen, in diesem Nachwort den Argumentationsgang der einzelnen Abschnitte noch einmal in seinen eigenen Worten zusammenzufassen und aus seiner eigenen Sicht deren inneren Zusammenhang aufzuzeigen.

Aus der selbstgesetzten Aufgabe, einen Ausgangspunkt für eine ja noch zu schreibende Umweltgeschichte Ostafrikas zu schaffen, erklären sich die relativ ausführlichen Vorüberlegungen des vorstehenden Beitrags zur Konzeption einer Humanökologie. Herzog läßt keinen Zweifel an der Notwendigkeit, einen spezifischen sozialwissenschaftlichen Ansatz zur Erforschung des Verhältnisses zwischen Mensch und Natur - d.h. genauer: zwischen Gesellschaft und Umwelt - zu finden. Naturwissenschaftliche Ansätze, einschließlich "ökologistischer" Kreislaufmodelle, könnten weder die Bedeutung der Natur als "Ressource" für Wirtschaft und Gesellschaft, noch die Dynamik menschlicher - genauer wiederum: gesellschaftlicher - Naturaneignung und deren ökologischer Folgen erklären. Hiermit wendet er sich auch gegen den ökologischen Determinismus älterer "kulturökologischer" Modelle in der Ethnologie, die allerdings inzwischen von sehr viel offeneren sozialanthropologischen Erforschungen des Naturverhältnisses in nichteuropäischen Ländern abgelöst worden sind.*

Gerade eine geschichtliche, diachronische Sicht des Naturverhältnisses, wie Herzog sie anstrebt, müsse diese sozialwissenschaftliche Herangehensweise anwenden. Sie müsse allerdings gerade auch die historische und räumliche Spezifität des Naturverhältnisses hervorheben und könne daher keine labormäßige Ableitung von Gesetzmäßigkeiten und Prognosen versprechen. Stattdessen müsse sie sich der problematisch, aber nicht obsolet gewordenen Frage des "Fortschritts" stellen. Hier denkt Herzog sowohl an die ökologischen Krisen und Katastrophen, aber auch an die, aus seiner Sicht, unabweisbare Notwendigkeit eines Wachstums der Produktivität menschlichen Wirtschaftens in Afrika. Hier liegt wohl das Gravitationszentrum der Argumentation Herzogs: Daß der Mensch (in seinen gesellschaftlichen Beziehungen) nicht einfach Teil der Ökologie ist, sondern mit dieser nolens volens in ein auf Veränderung zielendes Wechselverhältnis tritt. Dessen Ergebnis bleibt notwendig ambivalent, muß aber in jedem ökologischen und historischen Kontext konkret untersucht werden. Weder der Konflikt noch die Harmonie des Menschen mit der Natur können als Regelfall vorausgesetzt werden.

---

* Für einen neueren deutschsprachigen Überblick siehe Thomas Bargatzky (Hrg.), 1986: Einführung in die Kulturökologie: Umwelt, Kultur und Gesellschaft. Berlin (Reimer)

Der Autor fragt nun nach den Konsequenzen einer solchen Sichtweise für eine Umweltgeschichte (oder: Geschichte der Naturaneignung) Ostafrikas, konkret: des Festlandteils des heutigen Tanzania (Tanganyika). Er konzentriert sich dabei auf Beispiele aus der Agrarproduktion und dem Eisenhandwerk, und beschränkt sich weitgehend auf die Zeit des vorkolonialen 19. und des vom deutschen Kolonialismus geprägten frühen 20. Jahrhunderts. In einem ersten Unterabschnitt betont er die ökologischen Spezifika dieser Region, die bei der Naturaneignung spezifische Lösungen erforderten und auch Beschränkungen bedeuteten. Im zweiten Schritt verstärkt der Autor seine Betonung der ökologischen und ökonomischen Begrenzungen vorkolonialen Wirtschaftens. Er stellt sich damit in Opposition zu den bekannten Thesen von Helge Kjekshus, der noch für das 19. Jahrhundert von einer "heilen Welt" eines statischen Gleichgewichts zwischen Mensch und Natur ausging, das dann durch den Kolonialismus rasch zerbrochen sei. Hier scheint Herzog jedoch in ein gewisses Dilemma zu geraten, wenn er einerseits die Geschichtlichkeit des Naturverhältnisses für jede Periode betonen will, gerade (im Einklang mit den neuen Arbeiten von Juhani Koponen) für das schon stark von den Erschütterungen des Weltmarkts geprägten 19. Jahrhundert, andererseits aber doch wieder zur Annahme eines Balancezustandes zwischen Mensch und Natur, auf niedrigem, aber im allgemeinen ausreichenden Produktivitätsniveau, zurückkehrt. Seine Annahme einer von traditionellen Sozialbeziehungen stabilisierten Subsistenzwirtschaft als Grundlage dieser Verhältnisse wird allerdings m.E. von der neueren Forschung nicht mehr getragen.

Der Grund für diese Unterbelichtung vorkolonialen agrarischen Wandels in Ostafrika ist jedoch wohl der, daß auch Herzogs Interesse, wie bei den früheren Autoren, sich schwerpunktmäßig auf die vom Kolonialismus induzierten Veränderungen richtet. Hier freilich ging es ihm um eine deutliche Absetzung von früheren Auffassungen. Auch er geht davon aus, daß der "kolonialwirtschaftlichen Umbruch" im kapitalistischen Kontext in schwere ökologische Krisen und Katastrophen mündete, die die Subsistenzfähigkeit der Bevölkerung gefährdeten, wie etwa die Ausbreitung der Trypanosomiasis. Aber er hält dies für eher langfristige Nebenwirkungen und unintendierte Verkettungen von Umständen, die die Kolonialpolitiker nicht überschauten. Er bezweifelt, daß die ökologischen Zusammenbrüche um die Jahrhundertwende ein unausweichliches oder gar absichtlich in Kauf genommenes Ergebnis der Kolonialherrschaft waren. Aus diesem Grunde fordert er eine genaue Differenzierung kolonialer Erschließungspolitik nach Phasen und Akteuren und skizziert auch gleich mögliche Ergebnisse einer solchen Untersuchung für den Zeitraum der deutschen Kolonialherrschaft.

Hier endet der Beitrag mit dem Hinweis auf frühe Anfänge kolonialer "Entwicklungspolitik" zur Stärkung der "Eingeborenenwirtschaft". Die Beschränkung auf die deutsche Periode, die ja wenige Jahre später abbrach, läßt hier natürlich die Frage nach den Folgen solcher Politik im Hinblick auf ökologische Stabilisierung und Produktivitätssteigerung offen. Herzog selbst schätzte diese Folgen sicher nicht übermäßig optimistisch ein. Eine Fortsetzung seiner Untersuchungen in die britisch dominierte Phase des Kolonialismus, in der ja "Entwicklung" immer mehr an Bedeutung gewann, hätte hier mehr Antworten gebracht. Allerdings war das deutsche Engagement in Tanganyika ungleich intensiver als die anschließende Mandatsherrschaft.

Das besondere Verdienst dieses Beitrages ist m.E. sein Hinweis auf die Notwendigkeit, auch im afrikanischen Kontext zwischen gesellschaftlich bedingten, historisch sich wandelnden Intentionen, Interessen und Deutungsmustern einerseits und ökologischen Bedingungen oder Systemen andererseits zu unterscheiden, sie in ihrer jeweiligen Spezifik wahrzunehmen und sie in ihren Wechselwirkungen zu betrachten. Das Ergebnis dieser Wechselwirkung ist, wie alle Geschichte, prinzipiell offen.

ANMERKUNGEN

1   A. King/B. Schneider, Die erste globale Revolution. Ein Bericht des Rates des Club of Rome, Frankfurt/M. 1992, S. 131.
2   Indira Gandhi, Umweltschutz und Entwicklung. In: Ich erhebe meine Stimme für die Sache des Friedens. Reden, Schriften, Interviews, ausgew. u. hrsg. von Bianca Schorr, Berlin 1987, S. 42.
3   Daily News (Dar es Salaam), 14. 6. 1992.
4   L. Timberlake, Krisenkontinent Afrika. Der Umweltbankrott - Ursachen und Abwendung, Wuppertal 1990, S. 10, 23.
5   L. R. Brown, Start der ökologischen Revolution. In: Zur Lage der Welt - 1992. Daten für das Überleben unseres Planeten (Worldwatch Institute Report), Frankfurt/M. 1992, S. 228; vgl. C. Merchant, Ecological Revolution, Chapel Hill 1989. Die Wende leitete die Veröffentlichung des Club of Rome über die Grenzen des Wachstums von 1972 ein. Der Bericht stützte sich im wesentlichen auf die ein Jahr zuvor von Jay W. Forrester (Sloan School of Management am Massachusetts Institute of Technology) veröffentlichte Studie "World Dynamics". Forrester hatte erstmals mit Hilfe einer Computersimulation wichtige Faktoren ökonomischer Systeme - Bevölkerung, Kapitalinvestititionen, Umweltverschmutzung und Nahrungsmittelverbrauch - in die Zukunft, d. h. in das Jahr 2000, extrapoliert, mit dem Resultat, daß die Analyse der verschiedenen, zur Verbesserung der Lage vorgeschlagenen Möglichkeiten trotzdem noch vor dem Jahr 2050 mit großer Wahrscheinlichkeit zu einer katastrophalen Bevölkerungs-, Umwelt- und Rohstoffkrise führen würde. Das von ihm entworfene Gleichgewichtsmodell sieht u.a. die Reduzierung der Geburtenrate und Umweltverschmutzung um je 50 Prozent, der Ausbeutungsrate natürlicher Ressourcen um 75 Prozent vor. Seine Vision: "Es müssen neue menschliche Zielsetzungen definiert werden, die das Streben nach wirtschaftlichem Fortschritt ersetzen; die Ziele der Völker und Gesellschaften müssen reformiert werden, damit sie sich mit dem Prinzip des Gleichgewichts vereinbaren lassen." (J. W. Forrester, World Dynamics. In: American Academy of Arts and Sciences Bulletin, XXV (1972) 7, S. 20) Für die Entwicklungsländer-Problematik wurde die Zäsur durch die Umweltkonferenz der Vereinten Nationen gesetzt, die im gleichen Jahr stattfand. Wichtige Etappen waren hier der Brundlandt-Bericht (1987) und die UN-Gipfelkonferenz in Rio de Janeiro (1992).
6   Vgl. C. Amery, Natur als Politik. Die ökologische Chance des Menschen, Hamburg 1978, S. 43.
7   L. Trepl, Geschichte der Ökologie. Vom 17. Jahrhundert bis zur Gegenwart, Frankfurt/M. 1977, S. 12.
8   Ebenda, S. 15.
9   R. Bornkamm, Grundprinzipien der Ökologie. In: Der mathematische und naturwissenschaftliche Unterricht, (1971) 8, S. 468.
10 Ebenda, S. 469.
11 M. Bates, Human Ecology. In: A. L. Kroeber (Hrsg.), Anthropology Today, Chicago 1953, S. 700 f.
12 Hans Magnus Enzensberger, Zur Kritik der politischen Ökologie. In: Kurbuch 33, Berlin 1973, S. 1.

13 Zit. bei: B. Glaeser, Einführung in die Humanökologie. (= Papers aus dem Institut für Umwelt und Gesellschaft des Wissenschaftszentrums Berlin, Nr. 7), 1983, S. 9 f.
14 Glaeser, B., Einführung in die Humanökologie, a.a.O., S. 2. Es handle sich hier um eine Richtung ökologischer Forschung innerhalb der Ökologie, die der Tradition der Naturgeschichte entstamme und deshalb eine naturwissenschaftliche Disziplin bleiben müsse, meint Trepl. Er fürchtet, verständlicherweise, daß man beabsichtigen könnte, die Ökologie von einer biologischen Disziplin zu einer "Umwelt-Beziehungs-, Wechselbeziehungs- oder Vernetzungslehre *überhaupt*" hochzudefinieren. (Vgl. L. Trepl, Geschichte der Ökologie, a.a.O., S. 18).
15 A. Hjort, Cultural Research and Development Models. In: Cultural Dimension of Development. Report of the Afro-Nordic Seminar on Cultural Dimension of Development, 1985, Helsinki 1986, S. 40.
16 H.-J. Nitz, Mittelalterliche Moorsiedlungen. In: B. Herr-mann (Hrsg.), Umwelt in der Geschichte, Göttingen 1989, S. 40 f.
17 Vgl. J. Steward, Ecological Aspects of Southwestern Society. In: Anthropos, (1937) 32.
18 J. W. Bennett, The Cultural Anthroplogy and Human Adaptation, New York 1976, S. 26.
19 J. Calließ/J. Rüsen/M.Striegnitz (Hrsg.), Mensch und Umwelt in der Geschichte, Pfaffenweiler 1989, S. 1.
20 V. Prittwitz, Acht Thesen zur sozialwissenschaftlichen Umweltforschung (Papers aus dem Institut für Umwelt und Gesellschaft des Wissenschaftszentrums Berlin), Berlin 1985, S. 4.
21 H.-U. Wehler, Aus der Geschichte lernen?, München 1988, S. 13.
22 J. Calließ/J. Rüsen/M. Striegnitz (Hrsg.), Mensch und Umwelt ..., a.a.O., S. 1.
23 Der Untersuchungsgegenstand der Umweltgeschichte aus ökologischer Sicht ist das Ökosystem selbst. "Sie versucht daher, innerhalb bestimmter Zeiträume stattfindende systematische Veränderungen einer Reihe von Umweltsituationen zu beschreiben." (Th. F. Glick, Naturwissenschaft, Technik und städtische Umwelt. In: R. P. Sieferle, Fortschritte der Naturzerstörung, Frankfurt/M. 1988, S. 95).
24 G. W. F. Hegel, Einleitung in die Geschichte der Philosophie, Berlin 1966, S. 51.
25 Sieferle, R. P. (Hrsg.), Fortschritte der Naturzerstörung, a.a.O., S. 8.
26 B. Herrmann (Hrsg.), Umwelt in der Geschichte. Beiträge zur Umweltgeschichte, Göttingen 1989, S. 5.
27 J. Radkau, Unausdiskutiertes in der Umweltgeschichte. In: M. Hettling/C. Huerkamp/P. Nolte/H.-W.Schmuhl (Hrsg.), Was ist Gesellschaftsgeschichte?, München 1991, S. 44.
28 L. Trepl, a.a.O., S. 17 f.
29 G. W. F. Hegel, Vorlesungen über die Philosophie der Geschichte, Stuttgart 1961, S. 48 f., 57-62.
30 J. Burckhardt, Weltgeschichtliche Betrachtungen, Stuttgart 1978, S. 5.
31 J. Rüsen, Zeit und Sinn. Strategien historischen Denkens, Frankfurt/M. 1990, S. 69; vgl. auch S. 57-62.
32 B. v. Borries, Umweltgeschichte. Vergessene Einsichten und neuartige Herausforderungen. In: J. Calließ/J. Rüsen/M. Striegnitz (Hrsg.), Mensch und Umwelt ..., a.a.O., S. 364.
33 Vgl. G. P. Marsh, Man and Nature, New York/London 1864, S. III-VI.
34 C. J. Glacken, Zum Wandel der Vorstellungen über den menschlichen Lebensraum. In: R. P. Sieferle, Fortschritte ..., a.a.O., S. 175; vgl. H. Spencer, The Principles of Biology, Bd.2, New York 1867, S. 506 f.

35 K. Buchwald, Ökosystemlehre und Mensch-Umwelt-Verhältnis - Wandlungen und Projektionen in die Zukunft. In: J. Calließ/J. Rüsen/M. Striegnitz, Mensch und Umwelt ..., a.a.O., S. 13.

36 Te Brake meint, es sei Mißverständnis anzunehmen, die gegenwärtige Umweltkrise sei ausschließlich Folge moderner Industrialisierung und daher nicht älter als die industrielle Revolution des 18./19. Jahrhunderts. "Eine solche Sichtweise impliziert, daß es vor der Industrialisierung keine ernsten Umweltprobleme gegeben hätte und daß die ökologischen Mißstände der Gegenwart behoben werden könnten, sobald bestimmte umweltschädliche Industrien eliminiert oder die entsprechenden Technologien zu ihrer Beherrschung entwickelt würden." Am Beispiel der Situation des vorindustriellen London vertritt Te Brake statt dessen die These, daß die grundlegenden Probleme der Entsorgung und der Bereitstellung von Nahrung, Wasser und Energie zwar durch die Industrialisierung verschärft worden wären, aber im Grunde "so alt wie die Zivilisation sind". (W. H. Te Brake, Luftverschmutzung und Brennstoffkrisen in London, 1250-1650. In: Fortschritte der Naturzerstörung, a.a.O., S. 31).

37 Den Begriff "neolithische Revolution" hat Gordon Childe 1925 geprägt. Er ging davon aus, daß der Prozeß des Übergangs von der "wildbeuterischen", aneignenden Art des Lebensunterhalts der Sammler und Jäger zu einer Wirtschaftsweise, in der Pflanzen und Tiere domestiziert werden, im Vorderen Orient seinen Ursprung hatte und demzufolge auch hier die Zivilisation ihren Anfang nahm. Dieses Bild ist inzwischen korrigiert worden, indem die Bedeutung von Amerika, Südasien und Afrika in der weltgeschichtlichen Entwicklung der Landwirtschaft erkannt wurde. Für Afrika nimmt man an, daß die Züchtung von Pflanzen gegen Ende des Pleistozäns (zwischen 4000 und 5000 vor der Zeitenwende) in drei Zentren eingesetzt habe: 1. Nordafrika (von Ägypten bis Marokko als Teil der mediterranen Einflußsphäre); 2. der Savannengürtel und die Randzonen der bewaldeten Regionen von Afrika; und 3. die eigentlichen Waldgebiete mit ihren Ausläufern. (Vgl. R. I. Portères/J. Barrau, Origins, Development and Expansion of Agricultural Techniques. In: General History of Africa, Bd. I, Hrsg. J. Ki-Zerbo, Paris 1981, S.701 f.).

38 A. Hjort, a.a.O., S. 38 f.

39 Vgl. W. Weischet, Die ökologische Benachteiligung der Tropen, Stuttgart 1980.

40 W. Michler, Weißbuch Afrika, Bonn 1991, S. 370, 379 und 397.

41 R. Dumont, False Start in Africa, London 1988, S. 29 f.

42 Ebenda, S. 29.

43 East Africa Royal Commission 1953-1955, Report, London 1955 (Cmd 9475), S. 259.

44 A. M. H. Sheriff, Tanzanian Societies at the Time of the Partition. In: M. H. J. Kaniki (Hrsg.), Tanzania under Colonial Rule, London 1980, S. 13.

45 East Africa Royal Commission 1953-1955, a.a.O., S. 262.

46 H. Kjekshus, Ecology Control and Economic Development in East African History. The Case of Tanganyika 1850-1950, London 1977; J. Iliffe, A Modern History of Tanganyika, Cambridge 1979; A. Sheriff, Slaves, Spices and Ivory in Zanzibar. Integration of an East African Commercial Empire into the World Economy, 1770-1873, London 1987; J. Koponen, People and Production in Late Precolonial Tanzania. History and Structures, Helsinki 1988.

47 J. Koponen, People and Production ..., a.a.O., S. 18.

48 Vgl. J. Koponen, Famine, Flies, People and Capitalism in Tanzanian History. Some Historiographical Comments on the Works by John Iliffe and Helge Kjekshus. In: Tanzania Notes and Records (forthcoming). An dieser Stelle sei dem Autor dafür gedankt, daß er das Manuskript vorab zur Verfügung gestellt hat.

49 H. Kjekshus, a.a.O., S. 181.
50 J. Koponen, Peoples and Production ..., a.a.O., S. 361.
51 Vgl. ebenda, S. 262.
52 C. C. von der Decken, Baron Carl Claus von der Decken's Reisen in Ostafrika, Bd. II, Leipzig 1869, S. 19.
53 Die Reisen des Bergassessors Dr. Dantz in Deutsch-Ostafrika in den Jahren 1898, 1899, 1900. In: Mitteilungen aus den Deutschen Schutzgebieten, Nr. 15, 1902.
54 Vgl. J. Koponen, Peoples and Production ..., a.a.O., S. 258-264; H. Kjekshus, Ecology Control and Economic Development, a.a.O., S. 81-92.
55 P. R. Schmidt/D. H. Avery, Complex Iron Smelting and Prehistoric Culture in Tanzania. In: Science, Nr. 4361, 22. 9. 1978, S. 1085-1089.
56 B. K. S. Kiyenze, The Tranformation of Tanzanian Handicrafts into Co-operatives and Rural Small-scale Industrialisation. (Mimeographs of the Finnish Anthropological Society, No. 6), Helsinki 1985, S. 41-44.
57 F. Braudel, Sozialgeschichte des 15.-18. Jahrhunderts. Bd. I, Der Alltag, München 1990, S. 391.
58 U. Troitzsch, Umweltprobleme um Spätmittelalter und der Frühen Neuzeit aus technikgeschichtlicher Sicht. In: B. Herrmann (Hrsg.), Umwelt in der Geschichte, a.a.O., S. 104.
59 Karl Marx, Theorien über den Mehrwert, Teil 2. In: Karl Marx/Friedrich Engels, Werke, Bd. 26/2, Berlin 1967, S. 103.
60 Dieses Nutzungssystem ist in den tropischen Regionen der Welt weit verbreitet. Ende der fünfziger Jahre wurde geschätzt, daß es ca. 200 Millionen Menschen anwendeten, auf einer Gesamtfläche von etwa 36 Millionen km^2. (Vgl. P. H. Nye/D. J. Greenland, The Soil under Shifting Cultivation, London 1960, S. V).
61 "Land rotation with bush fallowing", "slash and burn agriculture", "Wanderfeldbau", "Brandrodewirtschat", etc.
62 W. Allan, The African Husbandman, New York 1965, S. 5.
63 P. Richards, Indigenous Agricultural Revolution. Ecology and Food Production in West Africa, London 1985, S. 51-55.
64 C. C. Wrigley, Kenya: The Patterns of Economic Life, 1902-1945. In: V. Harlow/E. M. Chilver (Hrsg.), History of East Africa, Vol. II, Oxford 1965, S. 254.
65 Vgl. E. Boserup, The Conditions of Agricultural Growth, Chicago 1965.
66 F. Braudel, Sozialgeschichte ..., a.a.O., S. 181.
67 E. Boserup, a.a.O., S. 17 f.
68 Koponen hat in einem umfangreichen Papier diese beiden vorkolonial entstandenen Agrarsysteme auf der Grundlage historischer Quellen rekonstruiert und beschrieben. (Vgl. J. Koponen, Agricultural Systems in late Precolonial Tanzania. [Paper presented at the 20th Nordic Historical Meeting], Raykjavik 1987; vgl. ders., People and Production ..., a.a.O., S. 220-235).
69 P. Richards, Indigenous ..., a.a.O., S. 53.
70 "Der Kenntnisstand der ostafrikanischen Bodenbauern beschränkt sich auf die im Wege von trial-and-error mit der gegebenen einfachen materiellen Technik erfaßbare Kausalbeziehung Mensch - Natur. Es kommt nirgendwo zu einer *bewußten* Veränderung der Natur im Interesse des Menschen, sondern nur zu einer sehr unterschiedlichen optimalen *Anpassung*." (D. Graf, Produktivkräfte in der Landwirtschaft und der nichtkapitalistische Weg Tansanias, Berlin 1973, S. 114).
71 W. Allan, a.a.O., S. 37.
72 Ebenda, S. 5.
73 P. Richards, Ecological Change and Politics of African Land Use. In: African Studies Review, (1983) 2, S. 56.

74 Vgl. J. Koponen, People and Production ..., a.a.O., S. 366 ff. Die besonderen Probleme der Viehzüchter müssen in einer solchen Wertung unbedingt berücksichtigt werden. Ihre Herden üben selbst bei niedrig angesetzter Wachstumsrate - ihr Bestand würde sich unbeeinflußt durch Seuchen etc. in weniger als zwanzig Jahren verdoppeln - einen enormen Druck auf den Boden aus, was bedeutende Auswirkungen auf die ökologische Situation eines bestimmten geographischen Raumes hätte. (W. Allan, a.a.O., S. 316).
Diese alarmierende Entwicklungstendenz haben zuständige Kolonialbeamte später mit verschiedenen Maßnahmen zu unterdrücken versucht. Sir Philip Mitchell, von 1935 bis 1940 in Uganda und von 1944 bis 1952 in Kenia Gouverneur, bringt seine Meinung zu dieser Situation auf die kurze Formel: "Für die Afrikaner gibt es nur die Alternative - entweder sie essen das überzählige Vieh oder dieses wird sie aufessen." (Despatch No. 193 vom 16.11.1951, London 1952 [H.M.S.O., No. 290]).

75 Aus dieser Tatsache, daß das traditionelle Wirtschaftssystem vor allem auf die Sicherung und den Erhalt der Lebensgrundlagen gerichtet war, sei häufig ein Entweder-Oder konstruiert worden, meint der Wirtschaftshistoriker R. Austen. Man habe die Afrikaner entweder als am Rande ihrer ökonomischen Möglichkeiten lebend oder so dargestellt, als würden sie der historischen Chance zum Wandel widerstehen wollen. Dieses ökonomische Verhalten entspringe jedoch der Erfahrung, daß Veränderungen, die sich auf einen möglichen Profit ausrichteten, zugleich mit der Gefahr ökologischen Drucks und externer sozialer Konflikte verknüpft waren. (Vgl. R. Austen, African Economic History, London 1987, S. 16).

76 K. Polanyi, The Great Transformation. Politische und ökonomische Ursprünge von Gesellschaften und Wirtschaftssystemen, Frankfurt/M. 1990, S. 243.

77 East Africa Royal Commission, a.a.O., S. 14.

78 K.-H. Häberle, Auf dem Holzweg - Einsichten aus der Geschichte der Entwaldung der Mwanza-Region in Tanzania. In: K.Gauer/M.-A.Heine/Ch. Röper (Hrsg.), Umwelt am Ende? Zur Umweltproblematik der Dritten Welt, Saarbrücken 1987, S. 244.

79 H. Kjekshus, a.a.O., S. 163-165; East Africa Royal Commission, a.a.O., S. 257.

80 Atlas of the Tanganyika Territory, Dar es Salaam 1948, S. 11.

81 Vgl. J. Ford, The Role of Trypanosomiasis in African Ecology, Oxford 1971.

82 H. Kjekshus, a.a.O., S. 181, 184.

83 Leroy Vail hat zeitgleich mit Kjekshus einen Artikel über Ökologie und Geschichte in Zambia veröffentlicht. Und wie Kjekshus sieht auch er in den "Auswirkungen des sich ausdehnenden Kapitalismus und der Kolonialadministration" die Ursache für die große ökologische Katastrophe. Jedoch im Unterschied zu ihm datiert Vail den Anfang dieses Prozesses noch vor der kolonialen Okkupation und meint, daß der Anfang der Ausbreitung der Tsetse in den sich wandelnden Siedlungsweisen zu suchen sei, die eben schon Mitte des 19. Jahrhunderts eingesetzt hätten. (L. Vail, Ecology and History: The Example of Eastern Zambia. In: Journal of Southern African Studies, (1977) 2, S. 132 f). McCracken bestätigt Vails Untersuchungsergebnisse für das Gebiet von Malawi (Nyasaland). Bereits um 1850 mit dem Einbruch der Ngoni im Norden sowie der Intensivierung des Sklaven- und Elfenbeinhandels im Süden habe die überkommene Siedlungsweise begonnen, sich "dramatisch zu verändern", wodurch die Ausbreitung der Tsetse eingeleitet worden wäre. Dieser Prozeß sei dann durch die Bedingungen der Kolonialherrschaft weiter vorangetrieben worden. (J. McCracken, Colonialism, Capitalism and the Ecological Crisis in Malawi: A Reassessment. In: D. Anderson/R. Grove (Hrsg.), Conservation in Africa: People, Politics and Practice, Cambridge 1987, S. 67).

84 P. Richards, Rezension zu "Conservation in Africa". In: D. Anderson/R. Grove (Hrsg.), Conservation ..., a.a.O., S. 390.

85 J. Koponen, German Colonial Policies in Mainland Tanzania, 1884-1914: Development for Exploitation. (Manuscript for Doctoral Dissertation, to be submitted to the Institute of Political History, University of Helsinki, 1992), S. 586. Dem Autor sei an dieser Stelle gedankt, daß diese umfangreiche Arbeit für die hier vorgestellte Ökologieproblematik bereits genutzt werden konnte. Zitate und indirekte Hinweise sind mit seiner Einwilligung verwendet worden.
86 Vgl. H. Loth, Griff nach Ostafrika. Politik des deutschen Imperialismus und antikolonialer Kampf, Berlin 1968, S. 76-84; J. Iliffe, A Modern History of Tanganyika, Cambridge 1979, S. 107-116.
87 Vgl. zusammenfassend H. Kjekshus, a.a.O., S.143-150 und 186-190. Über Anlaß und Strafmaß, um die Bevölkerung "botmäßig" zu machen, entschieden die deutschen Kolonialoffiziere nach eigenem Ermessen. Im Bericht der Reise, die Oscar Baumann im Auftrag des Antisklaverei-Komitees unternommen hatte, werden zahlreiche Fälle dieser Art geschildert. So gaben beispielsweise die Bewohner des Dorfes Tambavale (es erstreckt sich über einen Kilometer, ist dicht bewohnt und liegt bei Tabora) einen sog. Schutzbrief der Kolonialmacht wieder zurück "und griffen die Expedition an", wie es im Bericht heißt. "Den Morgen des 24. November benutzten wir dazu, Tambavale möglichst gründlich zu zerstören. Wir erbeuteten viel Kleinvieh und Baumwollzeug, welches ich unter den Mannschaften verteilte. Von den Eingeborenen war keine Spur mehr zu sehen." (O. Baumann, Berichte über Reise von Usambara zum Victoria See, 1892-1893. In: Bundesarchiv Potsdam, Reichskolonialamt Nr. 205 (Expeditionen und Reisende], Bl. 102).
88 Vgl. H. Bernhard, Erste Auswirkungen des kolonialen Herrschaftssystems. Zur Expeditionspolitik der Kolonialinvasoren in der Phase der militärischen Okkupation der Kolonie (1891-1905). In: K. Büttner/H. Loth (Hrsg.), Philosophie der Eroberer und koloniale Wirklichkeit. Ostafrika 1884-1918, Berlin 1981, S. 155 f.
89 Einige der Kolonialoffiziere waren sich durchaus bewußt, wenngleich sie es auch erst in ihren Memoiren eingestanden, daß es in diesem bewaffneten Kampf "im Endzweck" nicht um die Beseitigung des Gegners gehen konnte. Im Kolonialkrieg sei "ein gewisses Maßhalten am Platze", resümiert Ernst Nigmann, "da man mit der Vernichtung des Gegners den wertvollsten Besitz der Kolonie zerstört, also am letzten Ende sich selbst schädigt". Nigmann war von 1903 bis 1910, mit halbjähriger Unterbrechung, als Hauptmann Stationschef des Militärbezirks Iringa. (E. Nigmann, Geschichte der Kaiserlichen Schutztruppe für Deutsch-Ostafrika, Berlin 1911 [Vorwort]).
90 Vgl. R. Tetzlaff, Koloniale Entwicklung und Ausbeutung. Wirtschafts- und Sozialgeschichte Deutsch-Ostafrikas 1885-1914, Berlin 1970, S. 63-70 und 81-100.
91 Nach Amtlichem Jahresbericht waren 1912/13 insgesamt 172 000 Afrikaner als Lohnarbeiter gemeldet; allein auf "Pflanzungen und in Industriebetrieben" waren nahezu 92 000, im Bergbau 2 900 und für den Eisenbahnbau 13 000 Arbeiter eingesetzt. Die Gesamtbevölkerung Deutsch-Ostafrikas schätzte man für diese Jahre (ohne Rwanda und Burundi) auf 4 159 000, davon 1 040 000 erwachsene Männer. (K. Pfrank, Die Landarbeiterfrage, a.a.O., S. 31 f.; vgl. R. Tetzlaff, a.a.O., S. 188).
92 J. M. M. van der Burgt, Zur Entvölkerungsfrage Unjamwesis und Ussumbwas. In: Koloniale Rundschau, 1913, S. 705-709 und 723.
93 A. Coulson, Tanzania. A Political Economy, Oxford 1982, S. 43; auch H. Kjekhus a.a.O., S. 158 f.
94 Geheimer Bericht des Staatssekretärs Dernburg über seine vom 13. Juli bis 30. Oktober 1907 nach Ostafrika durchgeführte Dienstreise. In: Bundesarchiv Potsdam, Reichskolonialamt, Nr. 300, Bl. 34 ff.; vgl. H. Loth, Griff nach Ostafrika, a.a.O., S.

52-57; zu Rechenberg siehe u.a.: D.Bald, Die Reformpolitik von Gouverneur Rechenberg. Koloniale Handelsexpansion und indische Minderheit in Deutsch-Ostafrika. In: D. Oberndörfer (Hrsg.), Africana Collecta II, D.Oberndörfer, Düsseldorf 1971, S. 242-261.

95 Bundesarchiv Potsdam, Reichskolonialamt Nr. 300, Bl. 37. Diese hier nur kurz angedeutete "Wende" hat Anlaß zu Diskussionen über das Wesen des Kolonialismus gegeben. Die Handelnden selbst haben rückblickend die Lage nicht selten verklärt dargestellt. Heinrich Schnee, 1912 bis 1918 letzter Gouverneur in Deutsch-Ostafrika, interpretiert den angestrebten Verzicht auf Zwangsarbeit und Kettenhaft als "Fürsorge für die Eingeborenen". "Sie mußte", so schreibt er in seinen Memoiren, "sowohl unter ethischen wie unter praktischen und wirtschaftlichen Gesichtspunkten im Vordergrund meines Wirkens stehen... Meine Bestrebungen waren - ebenso wie die meines Vorgängers Freiherren von Rechenberg - in erster Linie darauf gerichtet, die Verwaltung unter Berücksichtigung der Sitten und Bräuche der Eingeborenen in einer Weise zu führen, daß kein berechtigter Anlaß zu Unzufriedenheit und Auflehnung bei ihnen entstehen konnte." (H. Schnee, Als letzter Gouverneur in Deutsch-Ostafrika. Erinnerungen, Heidelberg 1964, S. 120 f.).

96 B. Dernburg, Zielpunkte des deutschen Kolonialwesens, Berlin 1907, S. 15-19; vgl. W. Schiefel, Bernhard Dernburg, 1865-1937. Kolonialpolitiker und Bankier im Wilhelminischen Deutschland, Zürich/Freiburg 1974, S. 47 f. und 58 ff.; H. Stoecker, The German Empire in Africa before 1914: General Questions. In: H. Stoecker (Hrsg.), German Imperialism in Africa. From the beginnings until the Second World War, Berlin 1986, S. 197.

97 Bundesarchiv Potsdam, Reichskolonialamt, Nr. 120, Bl. 15.

Bei Fragen zur Produktsicherheit wenden Sie sich bitte an:
If you have any questions regarding product safety,
please contact:

Walter de Gruyter GmbH
Genthiner Straße 13
10785 Berlin
productsafety@degruyterbrill.com